A

MON CHER FILS

DAMIANO

٤١-١

LIVRE
POUR
APPRENDRE A JOUER
AU
JEU DES ÉCHECS

Par DAMIANO

TRADUCTION NOUVELLE
AUGMENTÉE DE NOTES, DE VARIANTES, ET ILLUSTRÉE DE
QUATRE-VINGT-DIX DIAGRAMMES

Par C. SANSON

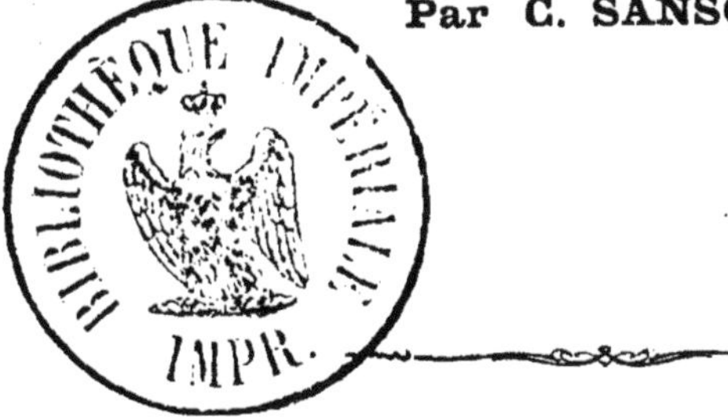

PARIS
CHEZ L'AUTEUR ÉDITEUR
19, AVENUE D'ORLÉANS, 19

1869

SOUSCRIPTION

FAITE

Par M.

N°

PRÉFACE

Rien n'est fécond, pour les progrès d'une science, comme la comparaison de son état actuel avec ce qu'elle était dans le passé. Et, bien que l'origine des Échecs se perde dans la nuit des âges, cependant, comme leur dernière transformation est relativement moderne, on peut en embrasser l'évolution complète à dater du moment où le couronnement de l'édifice a eu lieu ; c'est-à-dire à une époque où la marche des pièces et leur valeur absolue ont été unanimement adoptées dans tous les pays. Cette époque est celle qui suivit l'introduction des Échecs en Europe au *huitième siècle* de l'ère chrétienne environ.

Dans les commencements, on se conforma aux usages en vigueur chez les Persans et chez les Arabes, et les modifications successives, nées du besoin d'une action plus rapide, n'atteignirent leur dernier développement qu'au *seizième siècle*.

Ces changements consistèrent dans l'accroissement de la puissance du Fou d'abord, de la Dame ensuite, qui, de pièce la plus faible, devint la pièce la plus forte ; puis, dans la faculté donnée aux Pions de franchir deux cases à leur premier trait ; enfin, dans le pouvoir, en Roquant, de déplacer à la fois le Roi et la Tour.

Tout ce qui est antérieur au *seizième siècle* n'a donc plus pour nous, pour ainsi dire, qu'un intérêt archéologique, et les amateurs qui désireraient avoir une connaissance exacte du Chaturanga, du Shatranj et des autres formes primitives du jeu des Échecs, pourront consulter avec fruit l'excellent ouvrage que M. le professeur Dunican Forbes a donné des origines d'après les manuscrits Hindous, Persans et Arabes.

Le plus ancien auteur qui ait écrit sur les Échecs est le dominicain Jacobus de Cessolis. Son livre est intitulé : *Liber de moribus hominum et officiis nobilium super ludo scachorum.*

Ce traité, divisé en vingt-quatre chapitres et écrit en latin, était probablement une compilation de divers manuscrits espagnols. C'est, du reste, par le seul mérite de sa grande ancienneté que cet ouvrage se recommande, car on n'y trouve ni parties intéressantes ni analyses des débuts pratiqués alors ; dans cet ouvrage, le prédicateur se fait bien plus sentir que le joueur d'Echecs.

Le plus ancien *Traité* proprement dit sur les Échecs qui fut publié en Europe, paraît être le livre intitulé : *Libre del jochs partitis del Scachs enombre de* 100 *per Francesch Vincent*, imprimé à Valence, portant la date du 15 mai 1495. Cet ouvrage aurait droit aux honneurs d'une réimpression. Malheureusement, l'extrême rareté a été jusqu'à présent un obstacle à ce qu'il en soit donné une version française. Cette lacune, regrettable à tous égards, sera comblée par nous aussitôt que les moyens de le faire auront été mis à notre disposition.

Vers la même époque, on a imprimé également en espagnol un volume petit in-folio de 237 pages, intitulé : *Repeticion de Amores y arte de axedres con C. L. Juegos de Partido per Lucena*. Cet ouvrage est excessivement rare; grâce au zèle infatigable de M. Heydebrand von der Lasa, qui en a fait paraître une édition allemande, nous pourrons en faire une traduction française (1).

C'est par l'ouvrage du Portugais Damiano, qui vivait au commencement du seizième siècle, que commence la série des auteurs anciens que nous nous proposons de rééditer successivement et sans interruption.

Nous croyons de la sorte servir utilement la cause des Échecs, et nous rendre agréable à un grand

(1) Cette traduction est en préparation, et nous espérons la livrer sous peu à l'imprimeur.

nombre d'amateurs qui ne connaissent ces ouvrages que par ouï-dire, et ont témoigné en tout temps et en tout pays un vif désir de les posséder.

Ce serait, du reste, une erreur de croire que ces classiques des Échecs n'ont plus pour la génération actuelle qu'une valeur purement historique. Tout n'est pas « *perruque* » dans leurs écrits, et les joueurs, même les plus forts, y trouveraient certainement de bonnes choses à glaner.

C'est une école de ruses, de piéges, de stratagèmes fins et ingénieux, dont l'application se retrouve fréquemment dans le cours d'une partie et dont la connaissance exacte est par conséquent fort utile. Ce n'est pas la science stratégique, telle que de longs efforts l'ont perfectionnée de nos jours. Les débuts y sont à l'état rudimentaire. Mais ce « *peu* » que les amateurs anciens nous ont laissé est excellent.

Voici ce qu'un des maîtres actuels, M. Arnous de Rivière, a dit de Damiano, dans son manuel du jeu des Échecs : « *Les six courts chapitres sur les débuts sont dignes du plus grand éloge, quoique selon toute probabilité ils ne soient pas entièrement originaux.*

« *Pendant longtemps le traité de Damiano fut considéré comme le meilleur que l'on connût sur les Échecs.* »

Voici également ce qu'en dit Sarratt, un des plus forts joueurs de son époque et écrivain distingué, dont l'opinion a une grande valeur. Sarratt fit paraître à Londres, en 1813, une édition de ce livre, et qui contient en même temps la traduction de Ruy Lopez et de Salvio :

« J'ai joué souvent toutes les parties contenues dans ces traités, en les examinant avec beaucoup de soin, et je suis fermement pénétré de la croyance qu'elles pourront non-seulement être d'un grand secours aux commençants, mais encore qu'elles faciliteront les progrès de ceux qui sont déjà avancés, et qu'elles sont absolument nécessaires à ceux qui, favorisés par le génie et l'aptitude, peuvent viser à la distinction flatteuse de joueurs de premier rang.

« On ne saurait surpasser le talent qu'on remarque dans le plus grand nombre des fins de partie de Damiano.

« Ses problèmes sont comparables à l'or le plus pur ; ils réunissent à une rigoureuse simplicité les éléments les plus brillants de la grandeur.

« Nous ne pouvons regarder, sans le plus vif enthousiasme, ces complications, qui feraient honneur à un sphinx, se résoudre par les seules règles de l'art, libres et dépourvues de cette fatigante et mystérieuse importance dont maints compositeurs de problèmes ont depuis surchargé leurs œuvres. C'est un vrai malheur pour notre époque que ces excellentes positions n'aient pas été réimprimées et réunies de nouveau dans un seul volume, qui ne serait même pas considérable.

« Un grand connaisseur a posé en principe qu'un problème, pour avoir un véritable mérite, devait posséder les qualités suivantes : il doit être soluble en très-peu de coups ; l'Échiquier ne doit être occupé que par un petit nombre de pièces ; la construction du problème et son aspect doivent être naturels et logiques ; il ne doit rien contenir qu'une imagination tant soit peu poétique ne puisse juger réalisable.

« Ces qualités se trouvent exactes et parfaites dans la plupart des problèmes de Damiano. »

Ce jugement, d'une autorité aussi respectable que celle de Sarratt, suffirait seul pour justifier l'utilité de l'œuvre que nous entreprenons.

La première édition de Damiano, publiée à Rome par l'auteur, en 1512, a pour frontispice une gravure sur bois assez grossièrement exécutée, représentant deux joueurs dans le fort de l'action. Le titre en est :

Libro da imparare giuocare a scacchi : et de bellissimi partiti : reuisti e recorretti, con summa diligentia emendati da molti famosissimi giuocatori, in lingua spagnola, et Taliana nouamente stampato.

Elle se termine par ces mots :

Finisse el libro da imparare giuocare a scacchi et delle partiti composto per Damiano portughese.

Les autres éditions italiennes sont de 1524, 1564, 1606, 1618.

Une édition française, par Gruget, a paru en 1560.

Enfin MM. Robert Franz et Heydebrand von der Lasa ont publié, en 1857, une édition allemande augmentée d'un curieux fac-simile représentant un Diagramme encadré dans le texte espagnol de 1512 (1).

On trouve quelques renseignements sur Damiano dans la *Bibliotheca lusitana*, de Barbosa Machado, 1759, vol. I, page 610. Notre auteur était né à Odémira (Portugal), où il exerçait la noble profession d'apothicaire.

C'est à Rome, cependant, qu'il composa et publia son ouvrage sur le jeu des Échecs.

Le nom de cet auteur restera dans les annales des Échecs. La Défense, connue aujourd'hui sous la désignation de *Défense Russe* ou *Défense Pétroff*, est de lui. Un Début, improprement nommé *Gambit*, porte encore son nom ; et le Mat de Damiano est resté célèbre.

(1) Parmi les onze chapitres qui composent le livre, nous mentionnerons principalement le neuvième : Coups subtils vulgairement nommés en espagnol *primores* ; et le dixième : Positions de parties désespérées.

C. SANSON.

19, avenue d'Orléans.
Paris-Montrouge.

CATALOGUE

Des diverses éditions du Traité de Damiano publiées jusqu'à ce jour.

—

1. Édition imprimée à *Rome*, apud Stephanum Guilleretí et Herculem Nani. 1 vol. in-4°. 1512.
2. Édition imprimée à *Rome* par Johanne Philippo de Nani. 1518.
3. Édition imprimée à *Rome* par Antonio Bladi de Asula. 1 vol. in-12 de 128 pages. 1524.
4. Édition imprimée à *Paris* par Claude Gruget, Vincent Settenas. 1 vol. in-8° de 92 pages. 1560.
5. Édition imprimée à *Londres* par Roulande Hall for James Rowbothum. 1 vol. in-8° de 55 pages. 1562.
6. Édition imprimée à *Venise* par Steffano Zazzarra. 1564.
7. Édition imprimée à *Londres* par Thomas Marshe. 1569.
8. Édition imprimée à *Bologne* par Gio Boni. 1606.
9. Édition imprimée à *Venise* par Pieto Fauri. 1618.
10. Édition imprimée à *Londres*. 1 vol. in-12. 1752.
11. Édition imprimée à *Londres* par Sarratt. Édition très-incomplète. 1813.
12. Édition imprimée dans la *Régence* Kiésératzky. Edition ne contenant que les huit premiers chapitres. 1849.
13. Édition publiée dans le *Schachzeitung*. 1855 et 1856.
14. Édition imprimée à *Berlin* par MM. Robert Franz et Von der Lasa. 1857.
15. Édition imprimée dans le *Palamède français* de M. Lahure. (*Les 9 premiers livres.*) 1864.

—

Malgré ce nombre d'éditions, qui attestent la valeur de ce traité, il est impossible aujourd'hui de pouvoir en trouver un exemplaire dans le commerce.

CHAPITRE PREMIER

DES NOMS DES PIÈCES ET DE LEUR PLACE

TOUR

Cette Pièce s'appelle *Tour*, parce qu'elle a une très-grande valeur (*Dignita*); elle est comme le chef du camp; c'est pourquoi elle occupe les coins de l'Échiquier ; elle commande et protége son monde, et ne vient au combat que lorsque la mêlée est engagée et pour secourir le Roi.

CAVALIER

Celle-ci se nomme *Cavalier*, car sa marche est analogue à la manière de combattre de la cavalerie. Le Cavalier est placé auprès de la Tour. En s'engageant dans la bataille, il doit se placer de manière à gêner l'ennemi le plus possible.

Il n'y a pas de pièce plus dangereuse à cause de sa marche, qui est de trois cases de blanche en noire et de noire en blanche.

DAUPHIN (Fou)

On nomme cette Pièce *Dauphin*, qui veut dire prince ; elle se trouve à côté du Roi et de la Reine, et sort à travers huit cases, si le passage lui en est ouvert. On ne peut pas dire que le Dauphin ait plus de puissance que le Cavalier; la disposition seule du jeu peut rendre l'un plus avantageux que l'autre. Il y a des amateurs qui préfèrent le Cavalier au Dauphin, et d'autres, au contraire, et je suis du nombre, qui donnent la préférence au Dauphin, attendu qu'il peut mieux garantir de l'échec que le Cavalier.

ROI

Cette Pièce s'appelle *Roi*, il est seigneur victorieux, ou, au contraire, vaincu, on lui donne Mat. Il peut sauter trois cases en prenant comme il lui plaît la marche du Cavalier ou celle de la Dame, quand même le passage ne lui serait pas ouvert.

Mais il faut, pour cela, qu'il soit sur sa case et qu'il n'ait pas encore bougé.

Quoique en Italie on ait l'usage de faire sauter l'échiquier au Roi si le chemin lui en est ouvert, et aussi de pousser un Pion, et à sa place de mettre le Roi, pourvu qu'il n'ait pas encore reçu d'échec, cet usage ne me paraît pas bon. La marche ancienne veut que le Roi ne saute que trois cases à son premier coup, et c'est celle qui est adoptée en Espagne et en Portugal, d'où sont sortis les plus grands joueurs.

DAME

Cette Pièce est nommée *Dame,* elle est la plus noble Pièce de l'échiquier. Elle peut être considérée comme l'épouse du Roi; sa place est près de lui; elle a de son côté autant de Pièces qu'il y en a du côté du Roi. Ainsi elle pourra donner le Mat, gagner le Pion ou autre grosse Pièce. Le Dauphin du Roi lui est un meilleur auxiliaire que le sien propre ; il en est de même du Cavalier et de la Tour du Roi. Sa marche est à la fois celle de la Tour et du Fou. Les joueurs doivent la conserver soigneusement, car sa perte entraîne presque toujours la perte de la partie.

PION

Cette Pièce est nommée *Pion* ou *Bouclier;* c'est l'abri des grosses Pièces, et principalement du Roi. Il jouit de la prérogative qu'en arrivant à la dernière case il devient la meilleure Pièce du jeu, qui est la Dame ; et si, en devenant Dame, il fait échec, il est encore plus apprécié.

A son premier coup, le Pion peut faire trois pas en comptant la case de départ et celle d'arrivée, c'est-à-dire qu'il peut laisser une case entre celle qu'il va quitter et celle qu'il va occuper. Les meilleurs Pions sont ceux qui sont le plus près du Roi. Quand le Roi est en échec, le Pion, pour le couvrir, ne peut pas passer devant la prise d'un autre Pion, sans s'exposer à être pris par lui en passant, si l'adversaire le juge à propos ; et, quand même il ne pourrait pas le prendre en passant, il serait encore mieux de ne pas passer devant la prise.

Les cases sont le terrain que parcourent les Pièces et les Pions pour aller donner le Mat au Roi adverse, selon la marche propre à chacun d'eux. Elles sont au nombre de soixante-quatre, ni plus ni moins; et l'on ne saurait donner d'autre raison de ce nombre, si ce n'est que telle fut la volonté de l'inventeur de ce jeu. Les opinions ne sont pas d'accord sur celui qui l'inventa ; les uns disent que ce fut le roi Xerxès, et par cette raison on l'appelle en Espagne Axedres, qu'on fait dériver dudit nom de Xerxès, en corrompant toutefois le mot par l'adjonction du *d*. D'autres l'attribuent aux deux frères Lidio et Tirreno, qui, dans une grande famine, pour moins souffrir de la faim et adoucir leur chagrin, imaginèrent ce jeu. Et en effet, par ce moyen, ils purent traverser la crise en ne mangeant que trois fois dans deux jours.

RÈGLES GÉNÉRALES

1° Vous ne devez jouer aucun coup sans but, à moins que la nécessité ne vous y force.

2° On ne doit pas commettre la faute qu'on appelle vulgairement en espagnol « lo cegera. »

3° Il ne faut pas jouer vite.

4° Quoique vous ayez un bon coup à faire, regardez toujours s'il n'y en a pas un qui lui soit préférable.

5° Quand on a l'avantage, on doit faire des échanges, pourvu qu'on n'y perde pas.

6° Si vous avez un avantage au moyen duquel vous puissiez gagner la partie, n'abandonnez pas l'attaque pour gagner un Pion.

7° Une chose essentielle, c'est de mettre le Roi en sûreté en sautant dans une bonne place.

8° Les deux Pions qui sont du côté où le Roi a été placé ne doivent être joués qu'en cas d'absolue nécessité; car souvent on perd la partie parce que le Pion de la Tour ou du Cavalier, avancé d'un pas, laisse le passage libre au Roi de l'adversaire.

9° On doit ouvrir le jeu avec ses Pions, et se garder de tenir ses pièces enfermées. On doit faire tous ses efforts pour soutenir à la quatrième case du Roi et de la Reine les Pions royaux, et, s'il est possible, les deux Pions des Fous.

10° Il faut faire attention, pour l'intelligence de la marche des Pièces, que l'Échiquier doit être placé de manière que la Tour qui est à votre main droite soit sur une case blanche, soit que vous ayez les Blancs ou les Noirs ; ensuite il est nécessaire de savoir, non-seulement les noms des Pièces, des Pions et des cases, mais encore que toutes les Pièces qui sont du côté du Roi sont dites Pièces du Roi.

Il en est de même de toutes les cases, qui sont cases de votre Roi jusqu'à l'extrémité de l'Échiquier. Par exemple, le Pion qui se trouve devant votre Roi est dit placé sur la seconde case du Roi ; si vous lui faites faire un pas, il se trouvera sur la troisième case ; si vous le poussez aussi avant qu'il peut aller, il se trouvera du premier coup sur la quatrième case.

Ensuite, en le poussant plus loin, on dira qu'il est à la cinquième case du Roi, et l'on désignera de la même manière la place de toutes les autres Pièces du même côté, tandis que celles de l'autre côté à gauche s'appellent Pièces et cases de la Dame.

Néanmoins, pour bien comprendre l'utilité de ce traité, il convient d'avoir sous les yeux l'Échiquier avec les Pièces à leurs places réciproques ; par ce moyen, on peut bien commencer une partie d'échecs des deux manières.

CHAPITRE II

La première manière de commencer la partie consiste à jouer P. 4. R., et la seconde manière, P. 4. D. La première, à mon avis, est la meilleure.

PREMIÈRE PARTIE

Défense Pétroff.

BLANCS.	NOIRS.
1. P. 4. R.	1. P. 4. R.
2. C. 3. FR.	2. C. 3. FR.
3. C. pr. PR.	3. C. pr. PR.

Le coup des Noirs est faible; aujourd'hui on considère comme meilleur P. 3. D. Exemple :

	3. P. 3. D.
4. C. 3. FR.	4. C. pr. P.
5. P. 4. D.	5. P. 4. D.
6. F. 3. D.	6. F. 2. R.
7. Roque TR.	7. C. 3. FD.
8. P. 4. FD.	8. F. 3. R.

Les Blancs ont l'avantage.

4. D. 2. R.	4. D. 2. R.

Si les Noirs retiraient le Cavalier, ils perdraient la Dame par 5. C. 6. FD. échec à la découverte.

5. D. pr. CR.	5. P. 3. D.
6. P. 4. D.	6. P. 3. FR.
7. P. 4. FR.	7. PD. pr. CR.
8. PD. pr. PR.	8. C. 2. D.

Le coup juste était de prendre le Pion avec le Pion et de jouer ensuite C. 2. D.

9. C. 3. FD.	9. P. pr. PR.
10. C. 4. D.	10. D. 3. D.

Il fallait jouer C. 3. FR. attaquant la D.

11. P. pr. PR.	11. D. 3. FD.
Si 11. D. 4. FD., voyez la Variante (A).	
	Si 11. C. pr. PR.
12. F. 4. FR., et le Cavalier serait perdu.	
	et si 11. D. pr. PR.
12. D. pr. D. échec.	12. C. pr. D.
13. C. pr. PF. échec et gagnent la Tour.	
12. F. 5. CD.	12. D. 4. FD.

En prenant le Fou, les Noirs auraient perdu la Dame par le double échec du Cavalier.

13. F. 3. R.	

Les Blancs gagnent.

Variante (A)

Position des Pièces après le 11e *coup des Blancs.*

Noirs.

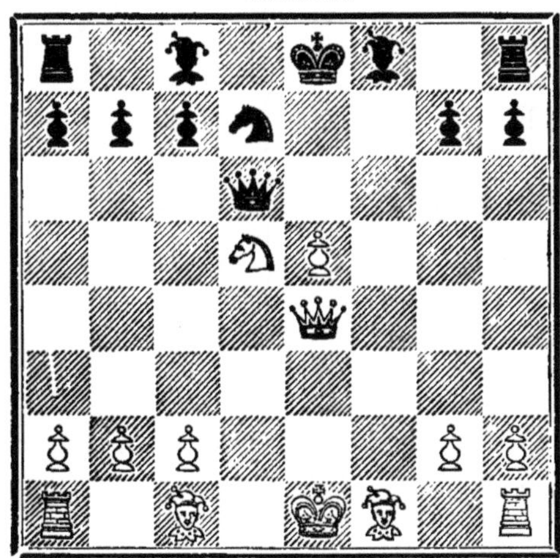

Blancs.

	11. D. 4. FD.
12. F. 3. R.	

Il vaudrait mieux jouer de suite P. 4. CD.

	12. D. 4. TD. échec.
13. F. 2. D.	13. D. 4. FD.
14. P. 4. CD.	14. D. 3. FD.
15. F. 5. CD.	15. D. 3. CR.
16. D. pr. D.	16. P. pr. D.
17. C. pr. PF. échec.	

Les Blancs gagnent.

DEUXIÈME PARTIE

Giuoco Piano.

BLANCS.	NOIRS.
1. P. 4. R.	1. P. 4. R.
2. C. 3. FR.	2. C. 3. FD.
3. F. 4. FD.	3. F. 4. FD.
4. P. 3. FD.	4. C. 3. FR.
5. P. 3. D.	5. P. 3. D.
6. T. 1. FR.	6. F. 5. CR.
7. D. 3. CD.	7. C. 4. TD.
8. F. pr. PF. échec.	8. R. 1. FR.
9. D. 4. TD.	9. R. pr. FR. (A)
10. D. pr. CD.	

(A)

	9. P. 3. FD.
10. P. 4. CD.	10. R. pr. FR.
11. D. pr. CD.	11. D. pr. D.
12. P. pr. D.	

TROISIÈME PARTIE

Gambit Damiano.

BLANCS.	NOIRS.
1. P. 4. R.	1. P. 4. R.
2. C. 3. FR.	2. P. 3. FR.

Le Pion du Roi peut être défendu de plusieurs manières : par le Cavalier ou par le Pion de la Dame, ou par le Pion du Fou du Roi. La première est la meilleure ; la seconde est faible et la troisième est la plus mauvaise.

3. C. pr. PR.	

Au lieu de prendre le Pion avec le Cavalier, il vaut mieux jouer 3. P. 4. D. ou F. 4. FD.

	3. P. pr. CR.

Un mauvais coup qui compromet la partie : en jouant 3. D. 2. R., les Noirs se tiraient d'embarras.

	Si 3. D. 2. R.
4. C. 3. FR.	4. P. 4. D.
5. P. 3. D.	5. P. pr. PR.
6. P. pr. PR.	6. D. pr. PR. échec.
7. F. 2. R.	7. F. 4. FR.
8. C. 4. D.	8. C. 3. FD.
9. C. pr. FD.	9. D. pr. CR.
10. Roque TR.	10. F. 3. D.
11. F. 3. D., meilleur jeu.	

4. D. 5. TR. échec.	4. P. 3. CR.

Si 4. R. 2. R., voyez la Variante (A).

5. D. pr. PR. échec.	5. D. 2. R.
6. D. pr. TR.	6. D. pr. PR. échec.
	Si 6. C. 3. FR.
7. P. 4. D.	7. D. pr. PR. échec.
8. F. 3. R.	8. D. pr. PF.

9. D. pr. CR.	9. D. pr. PC.
10. F. 4. FD.	10. F. 5. CD. échec.
11. C. 2. D.	11. D. pr. TD. échec.
12. R. 2. R.	12. D. pr. TR.

Les Blancs font mat en deux coups.

7. R. 1. D.	7. C. 2. R.
8. D. pr. PT. et gagnent.	

VARIANTE (A).

	4. R. 2. R.
5. D. pr. PR. échec.	5. R. 2. FR.
6. F. 4. FD. échec.	6. R. 3. CR.

Si 6. P. 4. D., voyez la Variante (B).

7. D. 5. FR. échec.	7. R. 3. TR.
8. P. 4. D. échec déc.	8. P. 4. CR.
9. P. 4. TR.	9. P. 4. D.
10. P. pr. PC. éch. double.	

Si 10 D. 7. FR. et mat en quatre coups.

	10. R. 2. CR.
11. D. 5. R. échec.	11 C. 3. FR.
12. P. pr. CR. échec.	12. D. pr. PF.
13. D. pr. D. échec.	13. R. pr. D.
14. F. pr. PD. et doivent gagner.	

VARIANTE (B).

	6. P. 4. D.
7. F. pr. PD. échec.	7. R. 3. CR.
8. P. 4. TR.	8. P. 3. TR.
9. F. pr. PC.	9. F. 3. D.
10. D. 5. TD et gagnent la Tour.	

CHAPITRE III

QUATRIÈME PARTIE

Gambit de la Dame.

BLANCS.	NOIRS.
1. P. 4. D.	1. P. 4. D.
2. P. 4. FD.	2. P. pr. PF.
3. P. 4. R.	
Si 3. P. 3. R.	3. P. 4. R.
4. F. pr. P.	4. P. pr. P.
5. P. pr. P.	5. F. 3. D.
6. C. 3. FR.	6. C. 3. FR.
7. Roque TR.	7. Roque TR.
	3. P. 4. CD.
4. P. 4. TD.	4. P. 3. FD.

La prise du Pion de la Tour, suivie de 5. F. pr. P., et ensuite de 6. C. 3. FD., ferait perdre un Pion aux Noirs.

BLANCS.	NOIRS.
5. P. pr. PC.	5. P. pr. PC.
6. P. 3. CD.	6. P. pr. PC.
7. F. pr. PC. échec.	7. F. 2. D.
8. D. pr. PC.	8. F. pr. FR. (A)
9. D. pr. FD. échec.	9. D. 2. D.
10. D. pr. D. échec.	

VARIANTE (A).

BLANCS.	NOIRS.
	8. CD. 3. F.
9. F. 3. R.	9. T. 1. C.
10. D. 4. T.	10. D. 3. CD.
11. C. 3. FD.	

CHAPITRE IV

CINQUIÈME PARTIE

De la meilleure manière de jouer pour celui qui reçoit l'avantage d'un Pion.

Quand on fait l'avantage d'un Pion, il est d'usage de donner celui du Fou du Roi, qui est le meilleur du jeu.

Otez le Pion du Fou du Roi des Blancs.

BLANCS.	NOIRS.
1. P. 4. R.	1. P. 4. R.
2. C. 3. FR.	2. P. 4. FR.
3. C. pr. PR mauvais.	

Si 3. P. pr. P., voyez la Variante (A).

BLANCS.	NOIRS.
	3. D. 5. TR. échec.
4. P. 3. CR.	4. D. pr. PR. échec.
5. D. 2. R.	5. D. pr. TR.
6. C. 6. CR. échec déc.	6. F. 2. R.
7. C. pr. TR.	7. D. 5. R.

Et, après l'échange des Dames, les Blancs ne pourront sauver leur Cavalier.

Variante (A).

BLANCS.	NOIRS.
3. P. pr. PF.	

C'est encore un mauvais coup; il vaudrait mieux P. 4. D., ou C. 3. FD., ou F. 4. FD.

BLANCS.	NOIRS.
	3. P. 4. D.
4. C. pr. PR. (B).	4. D. 5. TR. échec.
5. P. 3. CR.	5. D. 5. R. échec.

6. D. 2. R.	6. D. pr. TR.
7. D. 5. TR. échec.	7. R. 1. D.
8. C. 7. FR. échec.	8. R. 2. R.
9. C. pr. TR.	9. D. 5. R. échec.
10. F. 2. R.	10. D. pr. PF.

Et les Noirs gagneront encore le Cavalier.

VARIANTE (B).

4. P. 4. CR.	4. P. 5. R.
5. D. 2. R.	5. D. 2. R.
6. C. 4. D.	6. P. 4. FD.
7. D. 5. CD. éch. (C).	7. R. 2. FR.
8. C. 3. CD.	8. D. 5. TR. échec.

Les Noirs gagnent.

VARIANTE (C).

Position des Pièces après le 6e coup des Noirs.

Noirs.

Blancs.

7. C. 5. CD.	7. P. 5. D.
8. F. 2. CR.	8. P. 3. TD.

9. C. 3. TD.	9. C. 3. FR.
10. P. 5. CR.	10. C. 4. D.
11. F. pr. PR.	11. C. 5. FR.
12. D. 3. FR.	12. F. pr. PF.
13. D. pr. CR.	13. F. pr. FR.
14. T. 1. CR.	14. F. 6. D. éch. déc.
15. R. 2. FR.	15. D. 7. R. échec.
16. R. 3. CR.	16. D. 3. R.
17. D. 4. CR.	

Si les Blancs prenaient le Fou, ils perdraient leur Dame par F. 3. D. échec.

	17. F. 3. D. échec.
18. R. 4. TR.	18. F. 4. FR.
19. D. 3. FR.	19. T. 1. FR.

Et les Noirs doivent gagner en peu de coups.

CHAPITRE V

SIXIÈME PARTIE

De la manière de jouer quand on reçoit le Pion et le trait.

Otez le Pion du Fou du Roi des Noirs.

BLANCS.	NOIRS.
1. P. 4. R.	1. P. 3. D.
2. P. 4. D.	2. C. 3. FR.
3. C. 3. FD.	3. P. 4. R.
4. P. pr. PR.	4. P. pr. PD.
5. D. pr. D. échec.	5. R. pr. D.
6. F. 3. D.	6. P. 3. FD.
7. C. 2. R.	7. R. 2. FD.

8. C. 3. CR.	8 F. 3. R.
9. R. 2. R.	9. CD. 2. D.
10. F. 3. R.	10. F. 5 CD.
11. C. 1. D.	11. P. 4. FD.
12. P. 3. FD.	12. F. 4. TD.
13. P. 3. FR.	13. P. 5. FD.
14. F. 2. FD.	14. P. 4. CD.
15. P. 3. TD.	15. P. 4. TR.
16. P. 4. TR.	16. F. 3. CD.
17. C. 2. FR.	17. P. 4 TD.
18. C. 3. TR.	18. F. pr. CD.
19. T. pr. FD.	19. TR. 1. CR
20. F. pr. FR. échec.	20. C. pr. FD.
21. C. 5. FR.	21. P. 3. CR.
22. C. 3. R.	22. P. 4. CR.
23. P. pr. PC.	23. T. pr. PC.
24. P. 3. CR.	24. TD. 1. CR.
25. C. 5. FR.	25. P. 5 TD.
26. T. 1. FR.	26. CD. 2. D.
27. P. 4. FR.	27. P. pr. PF.
28. P. pr. PF.	28. T. 7. CR échec.
29. T. 2 FR.	

Et les Blancs ne peuvent manquer de gagner avec leurs deux Pions du centre.

Cette partie n'est conforme au texte original que jusqu'au 12e coup des Noirs inclusivement; le 13e coup des Blancs, indiqué par Damiano, étant impossible et évidemment erroné, tout le reste de la partie, qui va jusqu'au vingtième coup, n'est plus compréhensible. La suite que nous donnons, à partir du 13e coup, se trouve dans l'édition qu'ont fait paraître MM. R. Franz et Von der Lasa, en 1857.

Variante.

Otez le Pion du Fou du Roi des Noirs.

1. P. 4. R.	1. P. 3. R.
2. P. 4. D.	2. P. 4. D.
3. P. pr. PD.	3. P. pr. PR.

S'ils prennent avec la Dame, les Blancs gagnent en poussant le Pion à la quatrième case du Fou de la Dame.

4. D. 5. TR. échec.	4. P. 3. CR.
5. D. 5. R. échec.	5. D. 2. R.
6. D. pr. D. échec.	

CHAPITRE VI

SEPTIÈME PARTIE

Manière de jouer quand on reçoit l'avantage du Cavalier contre un Pion.

BLANCS. Retirez CD.	NOIRS. Retirez PFR.
1. P. 4. R.	1. P. 3. R.
2. P. 4. D.	2. P. 4. D.
3. P. pr. PD. (A)	
Si 3. D. 5. TR. échec.	3. P. 3. CR.
4. D. 5. R.	4. C. 3. FR.
5. F. 5. CR.	5. F. 2. CR.
6. P. pr. PD., mieux.	
	3. P. pr. PR.
4. D. 5. TR. échec.	4. P. 3. CR.
5. D. 5. R. échec.	5. D. 2. R.

L'échange des Dames est forcé.

Variante (A).

3. P. 5. R.	3. P. 4. FD.
4. P. 3. FD.	4. P. pr. PD.
5. P. pr. PF.	5. C. 3. FD.
6. F. 3. D.	

Si 6. C. 3. FR., voyez la Variante B.

On ne comprend pas pourquoi les Blancs laissent prendre le Pion de la Dame.

	6. C. pr. PD.
7. D. 5. TR échec.	7. R. 2. D.
8. F. pr. PT.	

Ceci est mal joué.

	8. C. 7. FD. échec.
9. R. 1. D.	

On ne peut prendre le Cavalier sans perdre la Dame.

	9. C. pr. TD.

Les Noirs gagnent.

Variante (B).

6. C. 3. FR.	6. F. 5. CD. échec.
7. F. 2. D.	
Si 7. R. 2. R.	7. P. 3. CD.
8. D. 4. TD.	8. F. 2. D. mieux.
	7. D. 4. TD.

Les Blancs sont obligés d'échanger les Dames pour éviter la perte du Pion, et les Noirs restent avec un avantage évident.

CHAPITRE VII

HUITIÈME PARTIE

Autre manière de jouer quand on reçoit l'avantage du Cavalier contre le Pion.

BLANCS.	NOIRS.
Retirez CD.	Retirez PFR.
1. P. 4. R.	1. P. 3. D.
2. P. 4. FR. (A)	2. P. 4. R.
3. P. pr. PR.	3. D. 5. TR. échec.
4. P. 3. CR.	4. D. pr. PR. échec.
5. D. 2. R.	5. D. pr. PR.

Cela vaut mieux; car, si l'on prenait la Tour, les Blancs gagneraient la partie.

Sarratt observe avec raison que c'est évidemment une erreur et qu'on peut prendre la Tour sans danger.

Variante (A).

2. P. 4. D.	2. C. 3. FR.
3. F. 3. D.	
Si 3. P. 5. R.	3. P. pr. PR.
4. P. pr. PR.	4. D. pr. D. échec.
5. R. pr. D., gagnant un Pion.	
	3. P. 4. R.
4. P. 3. FD.	4. P. 4. FD.

Afin qu'ils ne gardent pas deux Pions de front au centre, c'est-à-dire le Pion du Roi et celui de la Dame.

5. P. 5. D.	

Si les Blancs laissaient prendre ce Pion, qui est meilleur que celui qui est offert en échange, ils auraient, avec un Cavalier de moins, un jeu mal disposé.

	5. F. 5. CR.
6. P. 3. FR.	6. F. 4. TR.
7. P. 4. CR.	7. F. 3. CR.
8. P. 4. FR.	

Très-mal joué; puisqu'on a commencé par pousser les Pions du côté du Roi, il fallait continuer : P. 5. CR. gênait beaucoup le jeu des Noirs.

	8. P. pr. PF.
9. F. pr. PF.	9. C. 2. D.

Et ensuite C. 4. R., et les Noirs auront un beau jeu.

CHAPITRE VIII

NEUVIÈME PARTIE

Comment on doit jouer en recevant l'avantage du Cavalier.

Giuoco Piano.

BLANCS.	NOIRS.
Retirez CD.	
1. P. 4. R.	1. P. 4. R.
2. C. 3. FR.	2. C. 3. FD.
3. F. 4. FD.	3. F. 4. FD.
4. P. 3. FD.	4. F. 3. CD.
5. P. 4. D.	5. P. 3. D.
6. P. 3. TR.	6. C. 3. FR.
7. F. 5. CR.	7. P. 3. TR.
8. F. 4. TR.	8. P. 4. CR.

Gagnant le Pion du Roi, si le Fou blanc se retire à la troisième case du Cavalier au Roi.

9. C. pr. PC.	9. P. pr. CR.
10. F. pr. PC.	10. T. 1. CR.
11. P. 4. TR.	

Les Noirs gagnent maintenant le Pion de la Dame et ont un grand avantage.

CHAPITRE IX

Coups subtils qui se présentent dans le courant des parties et avec lesquels il est nécessaire de se familiariser pour en imaginer d'autres et se fortifier.

ÉTUDE N° 1.

Position des Pièces.

Noirs.

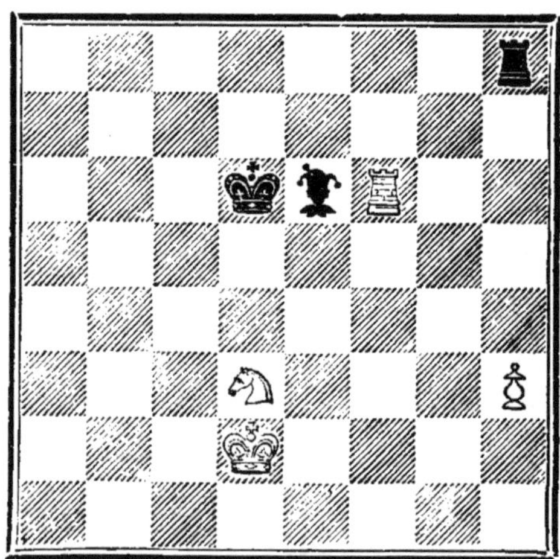

Blancs.

Après les coups :

	1. T. pr. PT.
2. T. pr. FD. échec.	2. R. pr. TR
3. C. 4. FR. échec.	

Les Blancs prennent la Tour et ils ont gagné le Fou.

Des coups analogues se présentent fréquemment dans la pratique.

ÉTUDE N° 2.

Position des Pièces.

Noirs.

Blancs.

Les Blancs jouent et gagnent.

Cette position se rencontre aussi souvent

1. P. 5. FD.	1. P. 5. TR.
2. P. 6. FD.	2. P. 6. TR.
3. P. 7. FD.	3. P. 7. TR.

4. P. 8. FD. et D.	4. P. 8. TR. et D.
5. D. 8. CR. échec.	5. R. 5. TR.

6. D. 8. TR. échec et gagnent.

ÉTUDE N° 3.

Position des Pièces.

Noirs.

Blancs.

Lorsque dans cette position, ou dans toute autre du même genre, les Blancs jouent le Pion du Cavalier, les Noirs peuvent prendre celui de la Tour, et si l'adversaire fait une Dame, ils la gagneront en donnant échec à la septième case du Cavalier du Roi.

ÉTUDE N° 4.

Position des Pièces.

Noirs.

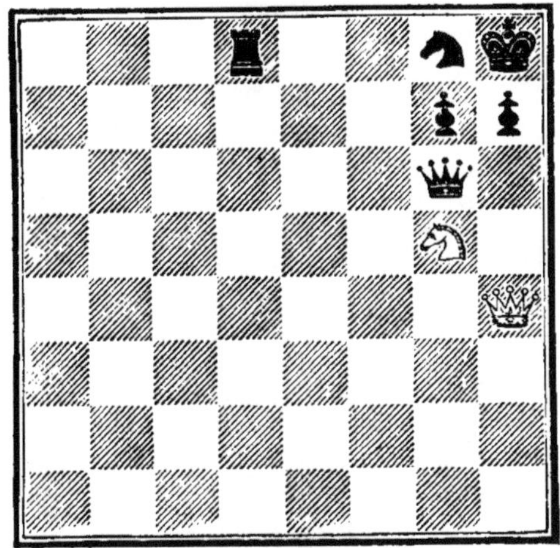

Blancs.

Les Blancs, dont le Roi n'est pas figuré, font mat en deux coups.

Cette piquante fin de partie peut quelquefois se présenter, lorsque, dans les premiers coups, les Noirs ont pu changer de place leur Roi et leur Tour.

1. D. pr. PT. échec.	**1. D. pr. D.**
2. C. 7. FR. éch. et mat.	

Cet exemple du mat étouffé prouve que la première idée doit en être attribuée à Damiano et non à Philidor, comme quelques auteurs anglais l'ont prétendu.

ÉTUDE N° 5.

Position des Pièces.

Noirs.

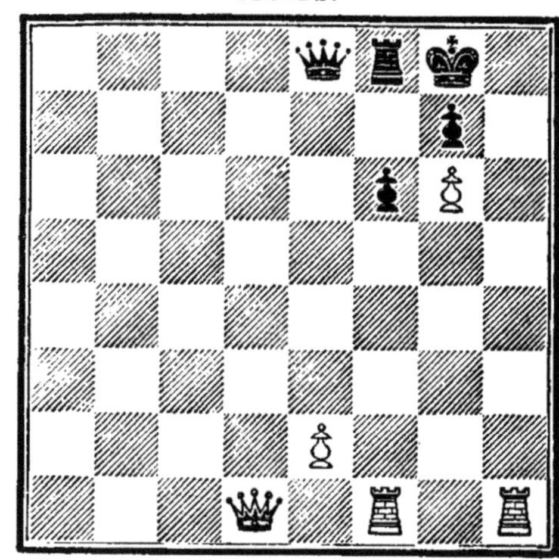

Blancs.

Les Blancs jouent et font mat en 5 coups.

J'ai eu quelquefois l'occasion de faire ce mat **curieux.**

1. T. 8. TR. échec.	1. R. pr. TR.
2. T. 1. TR. échec.	2. R. 1. CR.
3. T. 8. TR. échec.	3. R. pr. TR.
4. D. 1. TR. échec.	4. R. 1. CR.
5. D. 7. TR. éch. et mat.	

ÉTUDE N° 6.

Position des Pièces.

Noirs.

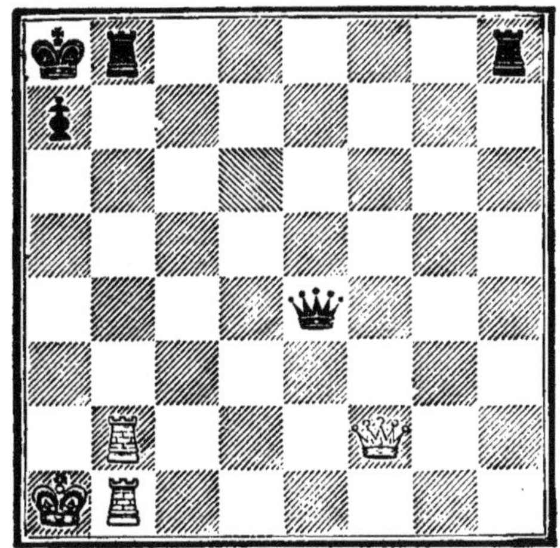

Blancs.

Un coup fin qui réussit, lorsque l'adversaire n'y prend pas garde.

1. D. pr. PT. échec.	1. R. pr. D.
2. T. 2 TD. échec et mat.	

ÉTUDE N° 7.

Position des Pièces.

Noirs.

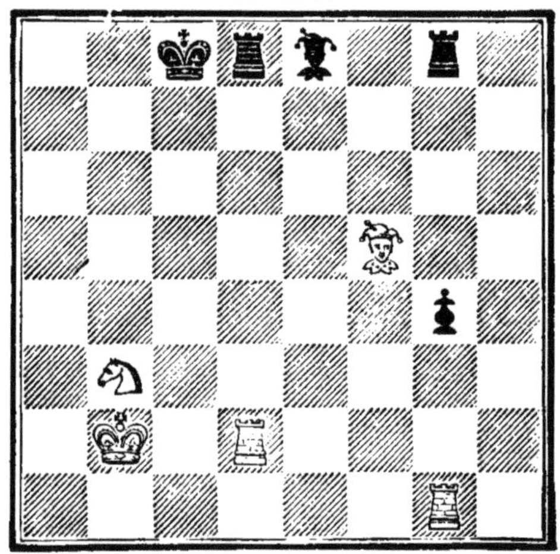

Blancs.

Une manière de jouer qui se présente à chaque instant et par laquelle une pièce doit être gagnée.

	1. F. 2. D.

Afin de défendre le Pion du Cavalier.

2. T. pr. FD.	2. T. pr. TD.
3. T. 1. D.	3. T. 2. CR.

4. C. 5. FD gagnant une pièce.

Dans l'original, un autre Cavalier blanc se trouve à la septième case du Roi, mais cette pièce doit évidemment être supprimée.

ETUDE N° 8.

Position des Pièces.

Noirs.

Blancs.

Perte d'un Cavalier.

1. D. pr. CR. | 1. D. pr. D.
2. C. 7. FR. échec double et prend ensuite la Dame.

ÉTUDE N° 9.

Position des Pièces.

Noirs.

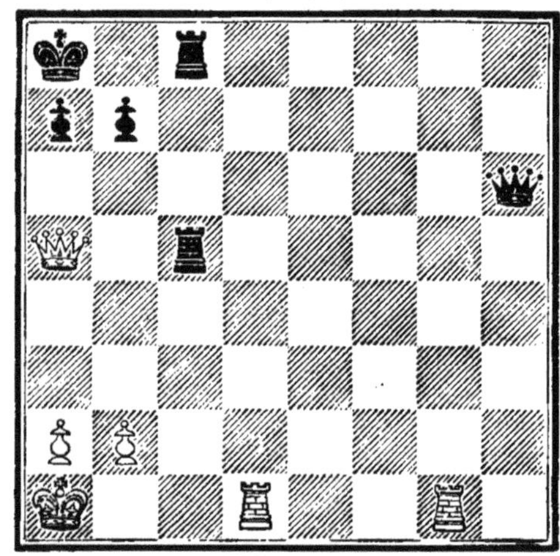

Blancs.

Position qui se rencontre souvent.

1. D. pr. TD.	1. T. pr. D.
2. T. 8. D échec.	2. T. 1. FD.
3. T. pr. TD échec et mat	

ETUDE N° 10.

Position des Pièces.

Noirs.

Blancs.

Perte d'une Tour, comme elle a lieu quelquefois.

1. T. 8. D. échec.	1. R. 2. TD.
2. T. pr. T. et gagnent.	

ÉTUDE N° 11.

Position des Pièces.

Noirs.

Blancs.

Les Noirs jouent et sont mat au cinquième **coup.**

	1. R. 1. TD.
2. C. 7. FD. échec.	2. R. 1. CD.
3. C. 6. TD. éch. double.	3. R. 1. TD.
4. D. 8. CD. échec.	4. T. pr. D.
5. C. 7. FD échec et mat.	

Nous avons ici un nouvel exemple du mat étouffé.

ÉTUDE N° 12.

Position des Pièces.

Noirs.

Blancs.

Gain d'une Tour.

Les Blancs prennent la Tour par échec, puis la Dame **avec le Pion**, et les jeux sont égalisés.

Cette position a nécessité une correction essentielle pour convenir à la solution donnée par l'auteur suivant la manière italienne et espagnole.

ÉTUDE N° 13.

Position des Pièces.

Noirs.

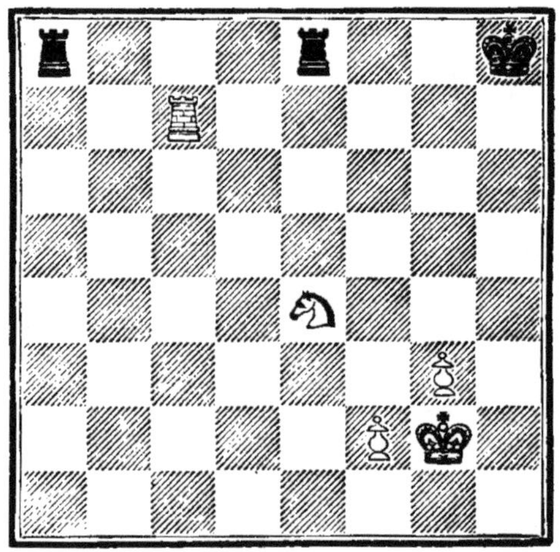

Blancs.

Préparation d'un mat inévitable.

Les Blancs C. 6. FR., et les Noirs n'ont plus aucun moyen d'échapper au mat.

Cet exemple ne nous paraît pas bien choisi.

Les Noirs, pour éviter le mat à 2. TR., peuvent donner successivement leurs deux Tours et le Roi se trouve pat.

ÉTUDE N° 14.

Position des Pièces.

Noirs.

Blancs.

Mat en deux coups.

1. D. pr. PT. échec.	1. R. 1. CD.
2. D. pr. PC échec et mat	

ÉTUDE N° 15.

Position des Pièces.

Noirs.

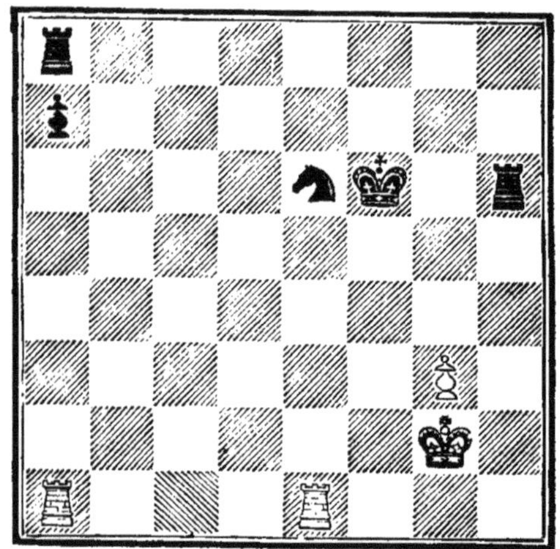

Blancs.

Perte d'un Cavalier.

1. T. pr. CR échec.	1. R. pr. TR.
2. T. 6. TD. échec.	2. R. 2. FR.

3. T. pr. TR ayant gagné le Cavalier.

ETUDE N° 16.

Position des Pièces.

Noirs.

Blancs.

Un Pion qui devient Dame, malgré que la case d'arrivée soit défendue.

1. C. 4. D. échec.	1. C. pr. CD.
2. P. 8. CD. et D. et gagnent.	

Mais si le Roi blanc se trouvait à 3. CD., le Cavalier noir prenant par échec, le Pion n'aurait pu aller à Dame.

CHAPITRE X

PROBLÈMES DE DAMIANO

PROBLÈME N° 1.

Noirs.

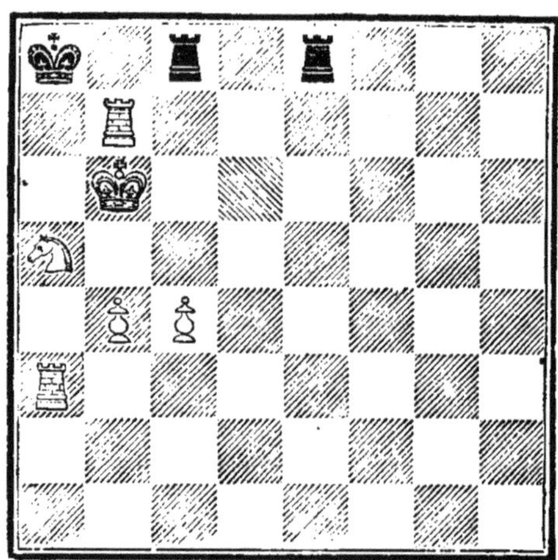

Blancs.

Les Blancs font mat en deux coups.

PROBLÈME N° 2.

Noirs.

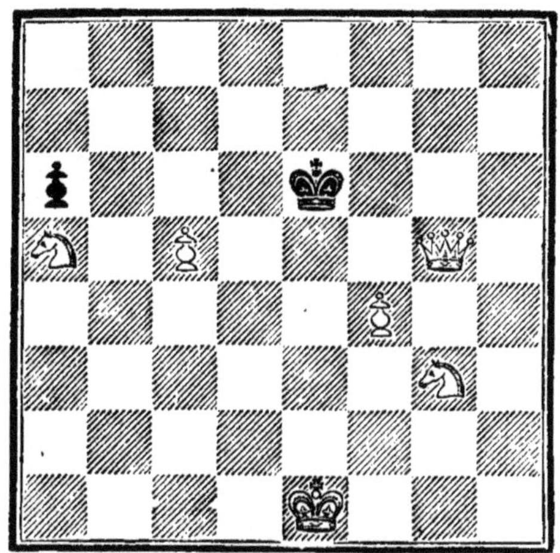

Blancs.

Les Blancs font mat en deux coups.

PROBLÈME N° 3.

Noirs.

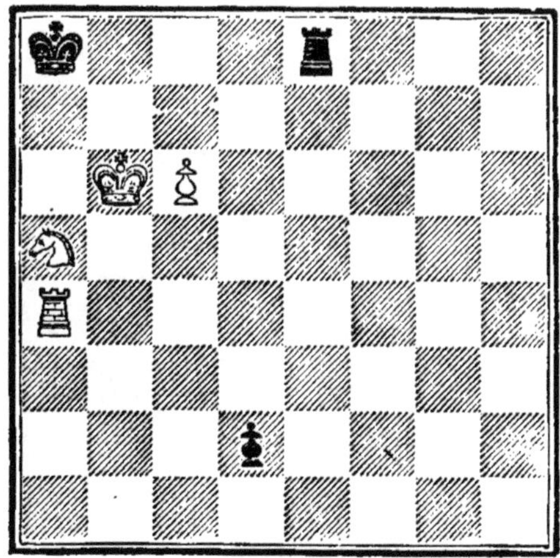

Blancs.

Les Blancs font mat en deux coups.

PROBLÈME N° 4.

Noirs.

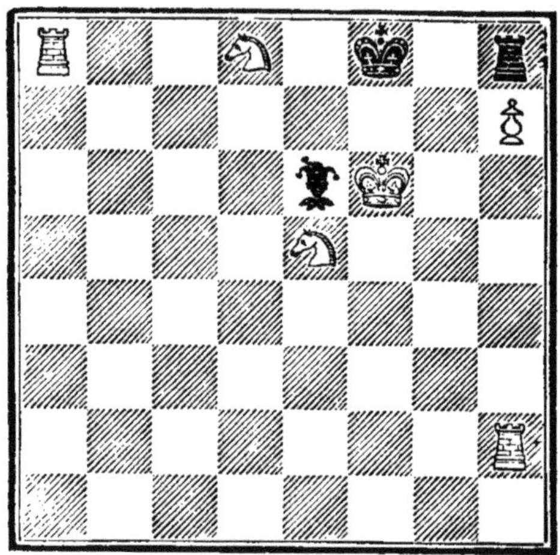

Blancs.

Les Blancs font mat en deux coups.

PROBLÈME N° 5.

Noirs.

Blancs.

Les Blancs font mat en deux coups.

PROBLÈME N° 6.

Noirs.

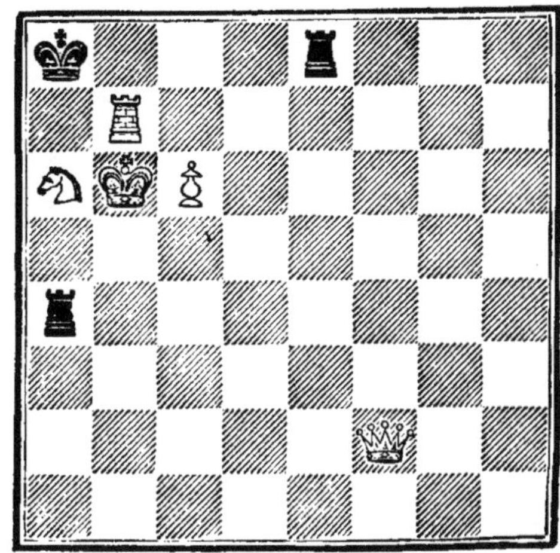

Blancs.

Les Blancs font mat en deux coups.

PROBLÈME N° 7.

Noirs.

Blancs.

Les Blancs font mat en deux coups.

Aucun Cavalier ne doit être pris.

PROBLÈME N° 8.

Noirs.

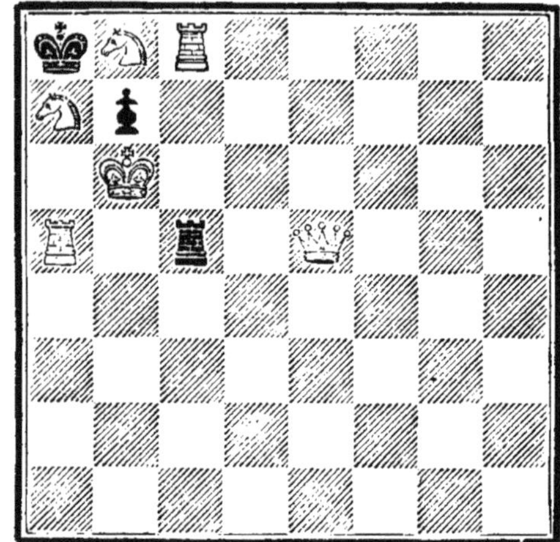

Blancs.

Les Blancs font mat en deux coups.

PROBLÈME N° 9.

Noirs.

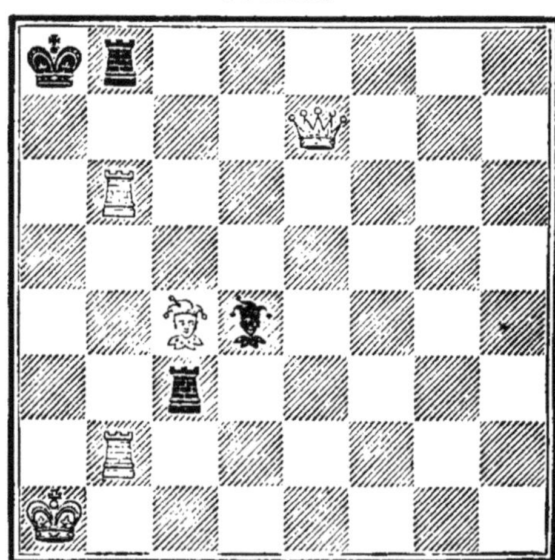

Blancs.

Les Blancs font mat en deux coups.
Sans prendre aucune pièce Noire.

PROBLÈME N° 10.

Noirs.

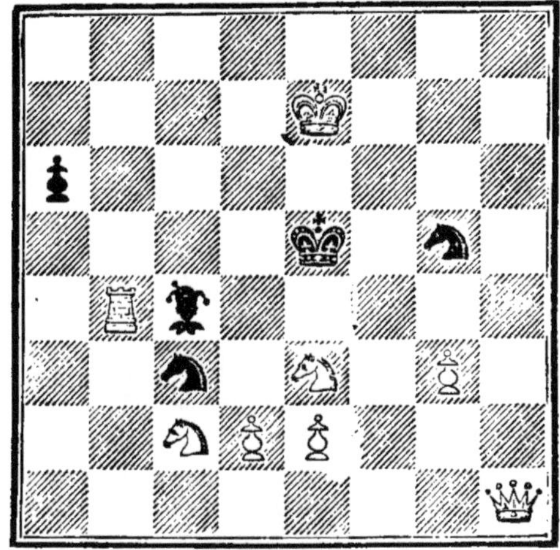

Blancs.

Les Blancs font mat en trois coups avec un Pion.

PROBLÈME N° 11.

Noirs.

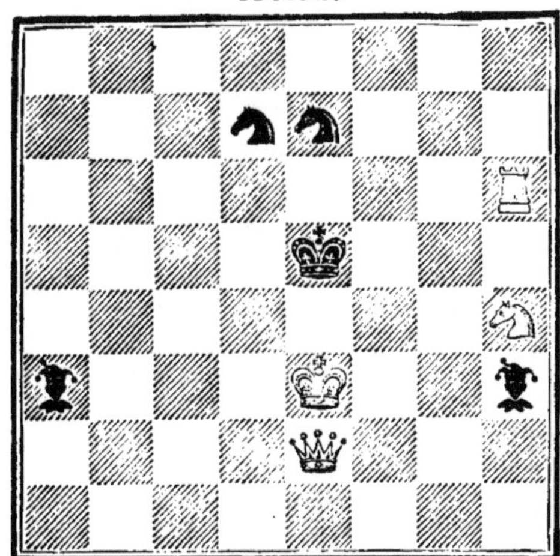

Blancs.

Les Blancs font mat en trois coups.

PROBLÈME N° 12.

Noirs.

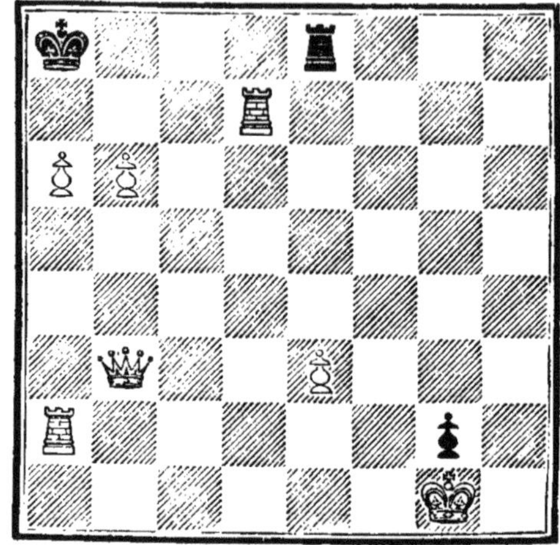

Blancs.

Les Blancs font mat en trois coups avec le P. 6. CD.

PROBLÈME N° 13.

Noirs.

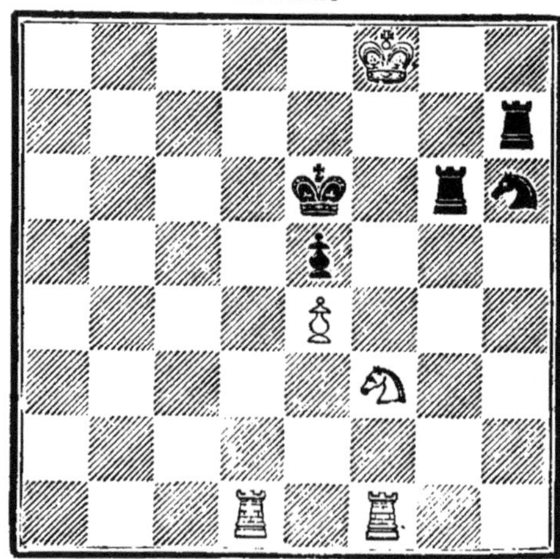

Blancs.

Les Blancs font mat en trois coups.

PROBLÈME N° 14.

Noirs.

Blancs.

Les Blancs font mat en trois coups.
Le Roi blanc manque.

PROBLÈME N° 15.

Noirs.

Blancs.

Les Blancs font mat en trois coups.

PROBLÈME N° 16.

Noirs.

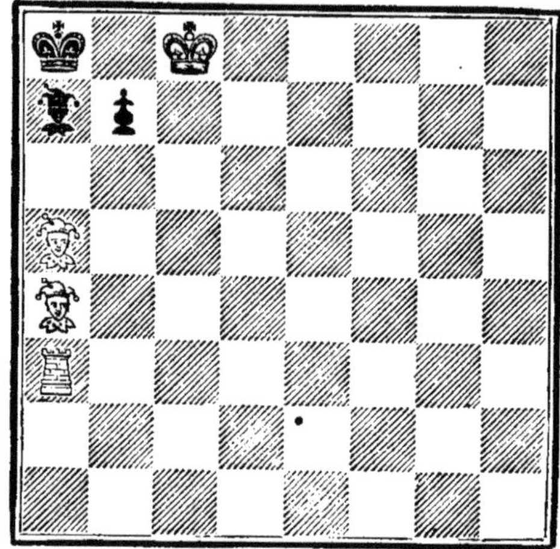

Blancs.

Les Blancs font mat en trois coups.
Sans commencer à jouer le F. 4. TD.

PROBLÈME N° 17.

Noirs.

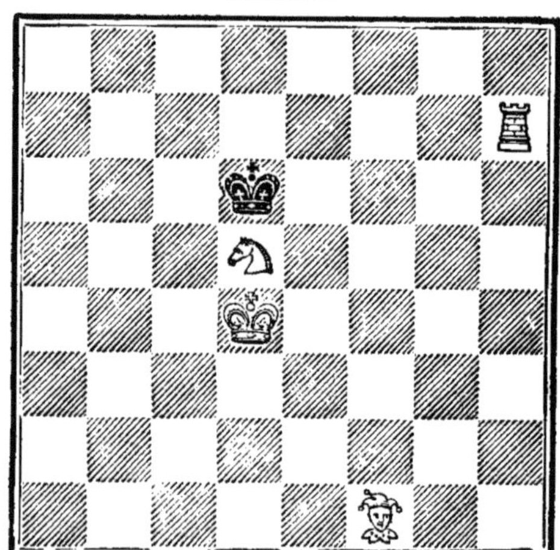

Blancs.

Les Blancs font mat en trois coups.

PROBLÈME N° 18.

Noirs.

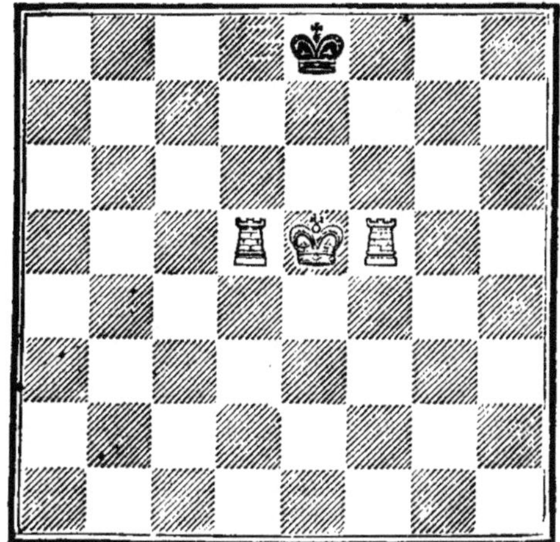

Blancs.

Les Blancs font mat en trois coups.

PROBLÈME N° 19.

Noirs.

Blancs.

Les Blancs font mat en trois coups.

PROBLÈME N° 20.

Noirs.

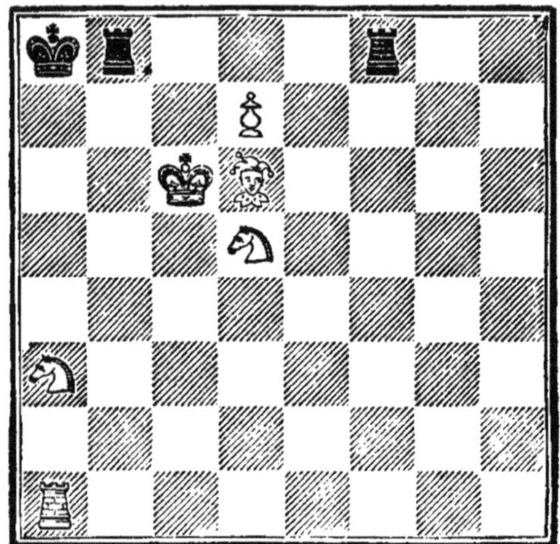

Blancs.

Les Blancs font mat en trois coups.

Les pièces Noires sont inattaquables; le F. 6. D. peut sauter par-dessus la 7e case FD. étant même occupée.

PROBLÈME N° 21.

Noirs.

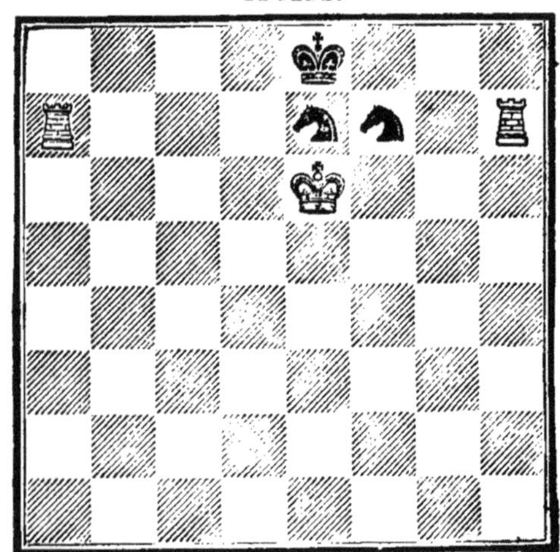

Blancs.

Les Blancs font mat en trois coups.

PROBLÈME N° 22.

Noirs.

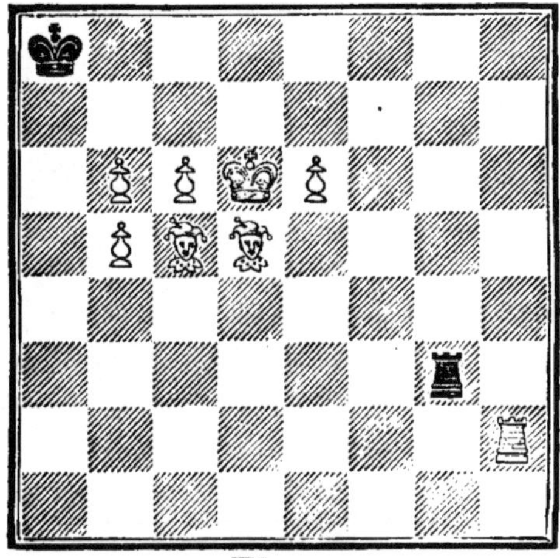

Blancs.

Les Blancs font échec avec un Pion, et mat avec un autre Pion en 4 coups, sans prendre la Tour.

PROBLÈME N° 23.

Noirs.

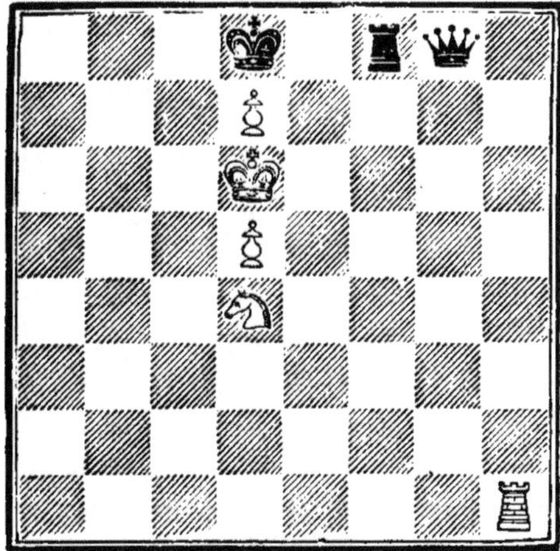

Blancs.

Les Blancs font mat en 4 coups avec le P. 5. D.

PROBLÈME N° 24.

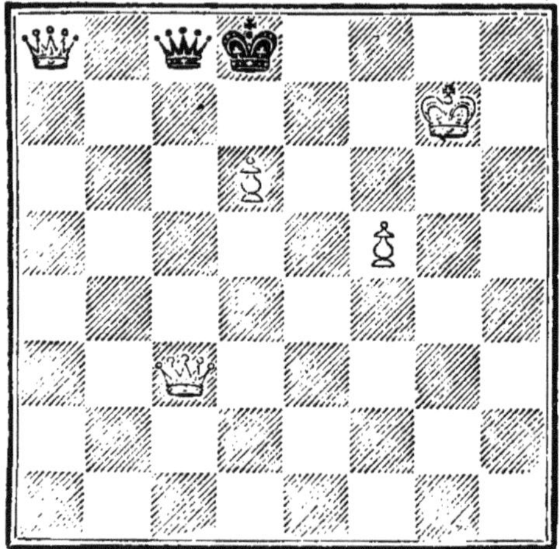

Blancs.

Les Blancs font échec avec un Pion, et mat en 4 coups avec un autre Pion.

PROBLÈME N° 25.

Noirs.

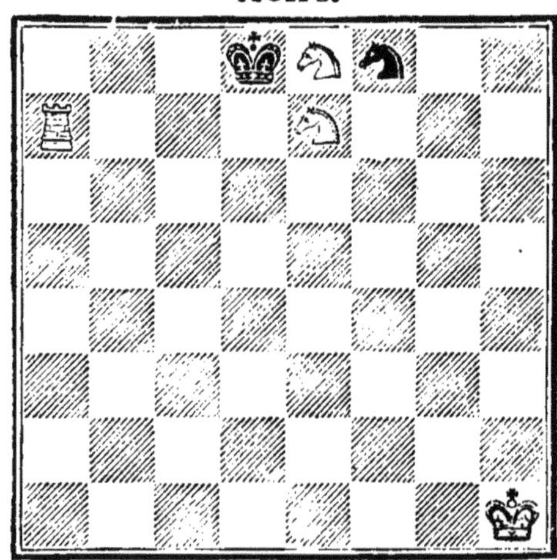

Blancs.

Les Blancs font mat en 4 coups sans prendre le Cavalier,

PROBLÈME N° 26.

Noirs.

Blancs.

Les Blancs donnent échec à chaque coup et font mat en 4 coups.

PROBLÈME N° 27.

Noirs.

Blancs.

Les Blancs font mat en 4 coups avec le Pion.

PROBLÈME N° 28.

Noirs.

Blancs.

Les Blancs font mat en quatre coups.

PROBLÈME N° 29.

Noirs.

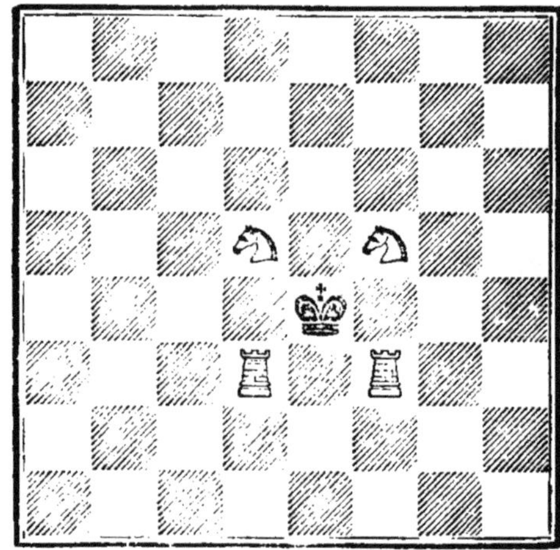

Blancs.

Les Blancs font mat en quatre coups,
Le Roi blanc manque.

PROBLÈME N° 30.

Noirs.

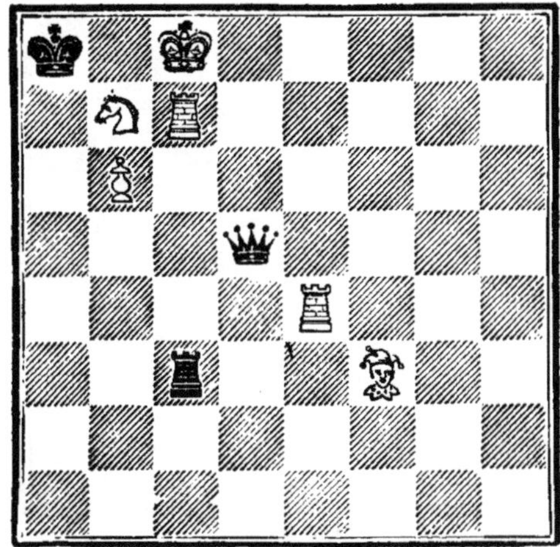

Blancs.

Les Blancs font mat en 4 coups avec le Pion.

PROBLÈME N° 31.

Noirs.

Blancs.

Les Blancs font mat en 4 coups avec le Pion.

PROBLÈME N° 32.

Noirs.

Blancs.

Les Blancs font mat en 4 coups avec le Pion.

PROBLÈME N° 33.

Noirs.

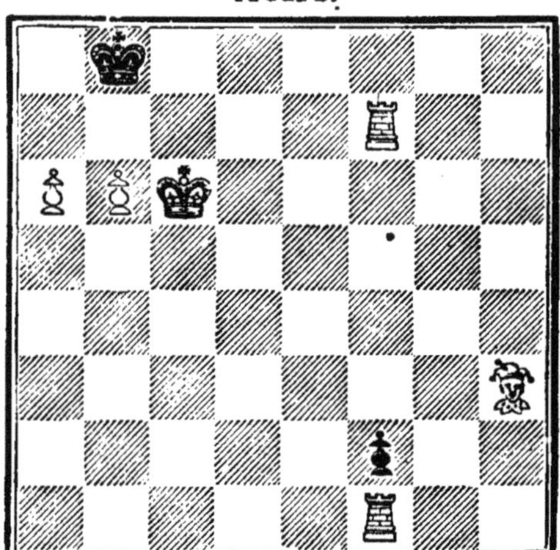

Blancs.

Les Blancs donnent échec avec un Pion et font mat en 5 coups avec un autre.

PROBLÈME N° 34.

Noirs.

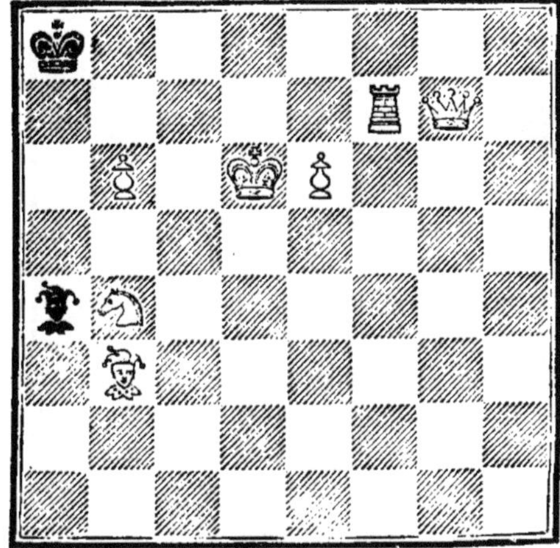

Blancs.

Les Blancs donnent échec avec un Pion, et font mat en 5 coups avec un autre, sans jouer la Dame.

PROBLÈME N° 35.

Noirs.

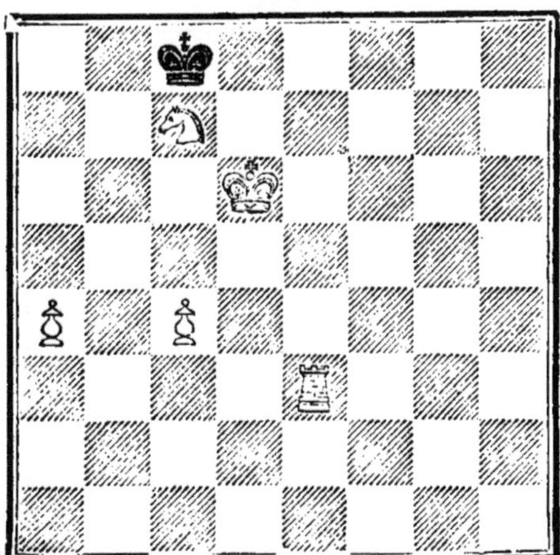

Blancs.

Les Blancs donnent échec avec un Pion et font mat en 5 coups avec un autre.

PROBLÈME N° 36.

Noirs.

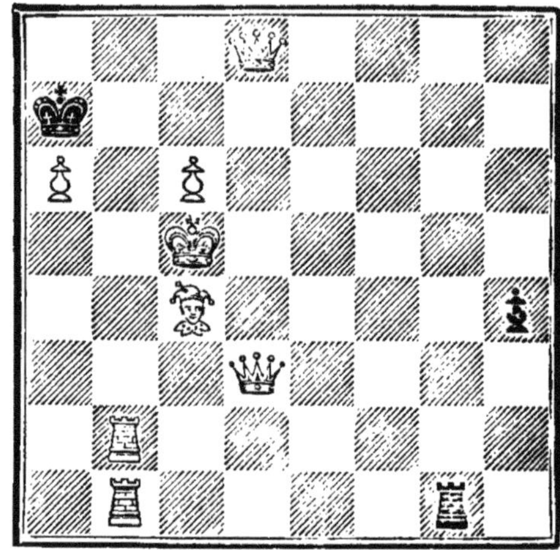

Blancs.

Les Blancs donnent échec avec un Pion et font mat en 5 coups avec un autre.

PROBLÈME N° 37.

Noirs.

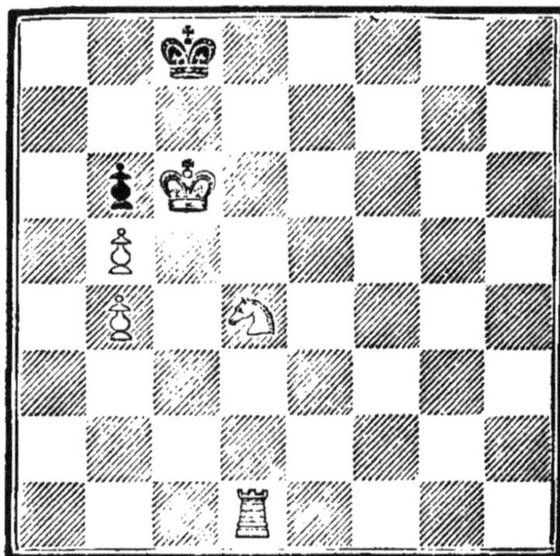

Blancs.

Les Blancs donnent échec avec un Pion et font mat en 5 coups avec un autre.

PROBLÈME N° 38.

Noirs.

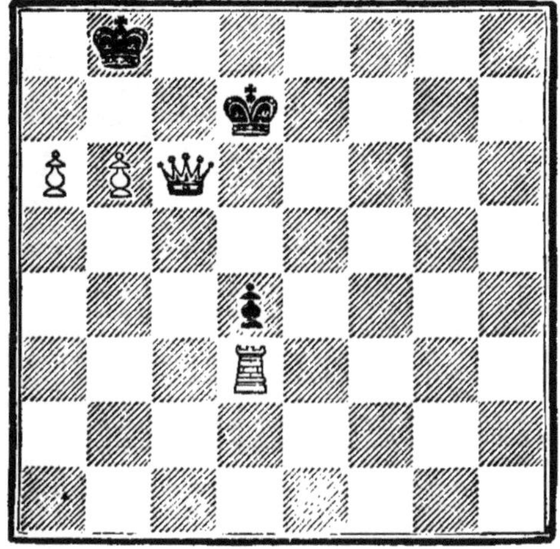

Blancs.

Les Blancs donnent échec avec un Pion et font mat en 5 coups avec un autre.

PROBLÈME N° 39.

Noirs.

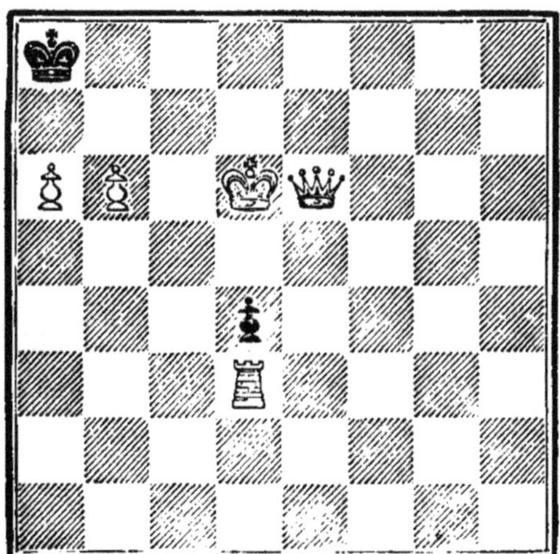

Blancs.

Les Blancs donnent échec avec un Pion et font mat en 5 coups avec un autre.

PROBLÈME N° 40.

Noirs.

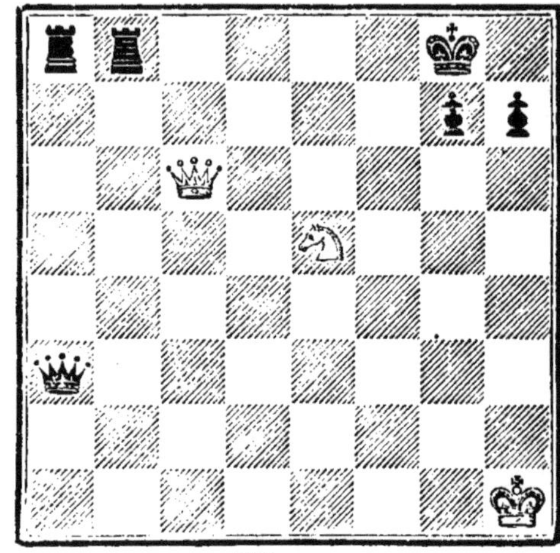

Blancs.

Les Blancs font mat en 5 coups.

PROBLÈME N° 41.

Noirs.

Blancs.

Les Blancs font mat en 5 coups avec un Pion.

PROBLÈME N° 42.

Noirs.

Blancs.

Les Blancs font mat en 5 coups avec le Pion sans pouvoir le donner plutôt.

PROBLÈME N° 43.

Noirs.

Blancs.

Les Blancs donnent échec avec le Pion et font mat en 5 coups.

PROBLÈME N° 44.

Noirs.

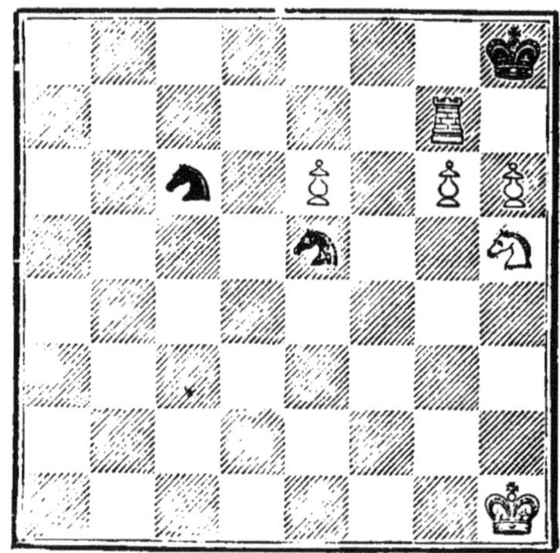

Blancs.

Les Blancs font mat en 5 coups **avec un Pion.**

PROBLÈME N° 45.

Noirs.

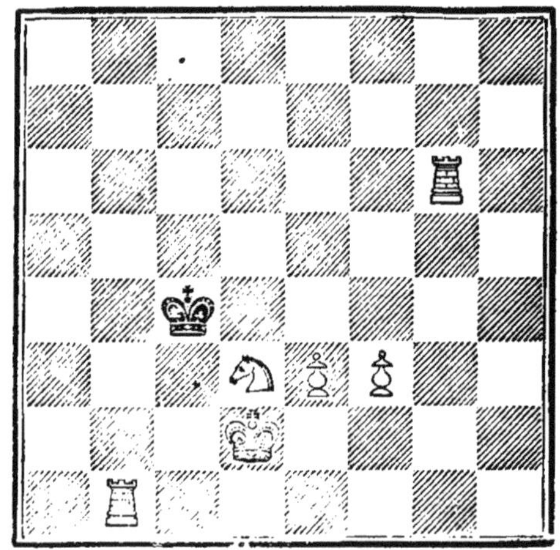

Blancs.

Les Blancs font mat en 6 **coups.**

PROBLÈME N° 46.

Noirs.

Blancs.

Les Blancs font mat en 6 coups avec le Pion.

PROBLÈME N° 47.

Noirs.

Blancs.

Les Blancs donnent échec avec un Pion et font **mat** en 6 coups avec un autre.

PROBLÈME N° 48.

Noirs.

Blancs.

Les Blancs font mat en 6 coups.

PROBLÈME N° 49.

Noirs.

Blancs.

Les Blancs font mat en 6 coups, le Roi noir sur la case 6. CD.

PROBLÈME N° 50.

Noirs.

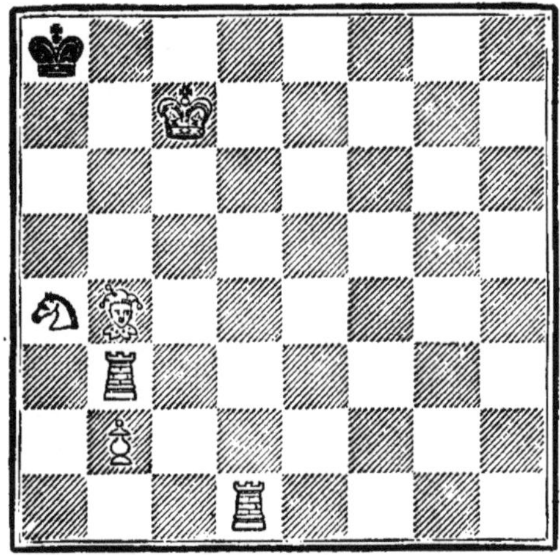

Blancs.

Les Blancs font mat en 6 coups avec le Pion.

PROBLÈME N° 51.

Noirs.

Blancs.

Les Blancs donnent échec avec un Pion et font mat en 6 coups avec un autre.

PROBLÈME N° 52.

Noirs.

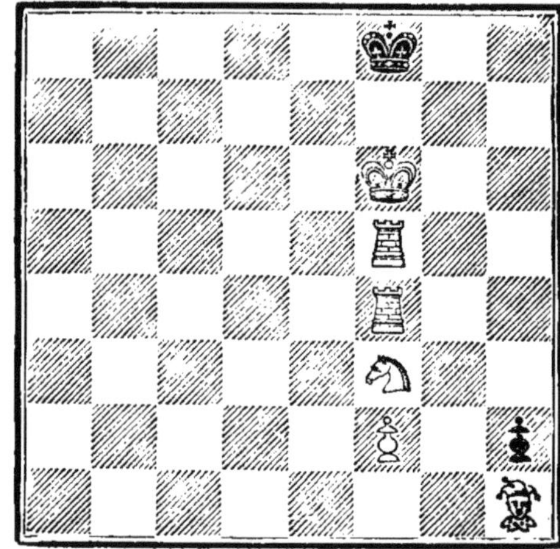

Blancs.

Les Blancs font mat en 6 coups avec le Pion.

PROBLÈME N° 53.

Noirs.

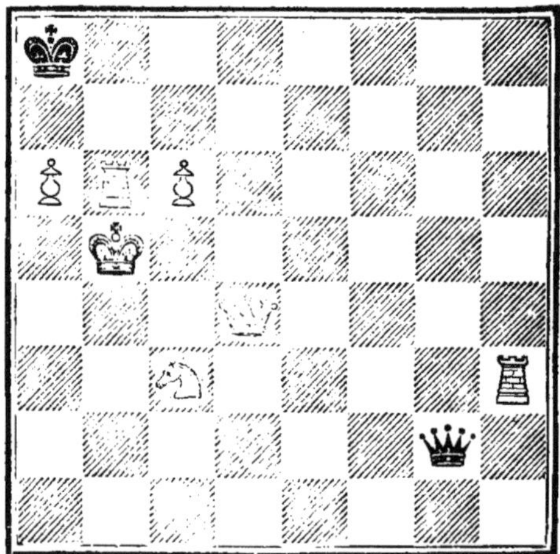

Blancs.

Les Blancs donnent échec avec un Pion et font mat en 6 coups avec un autre.

PROBLÈME N° 54.

Noirs.

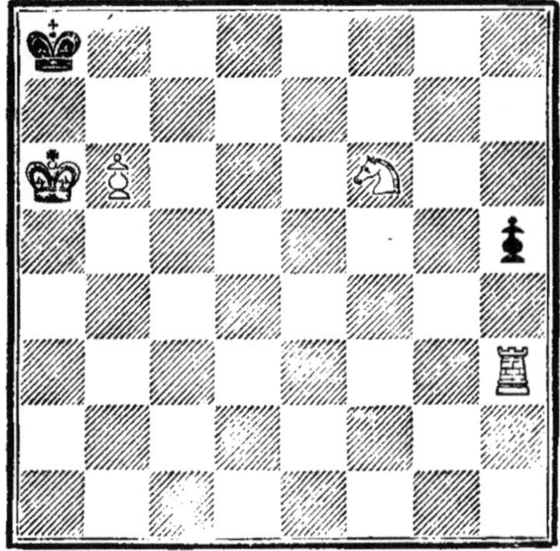

Blancs.

Les Blancs font mat en 6 coups avec le Pion, malgré que le Pion des Noirs fasse Dame.

PROBLÈME N° 55.

Noirs.

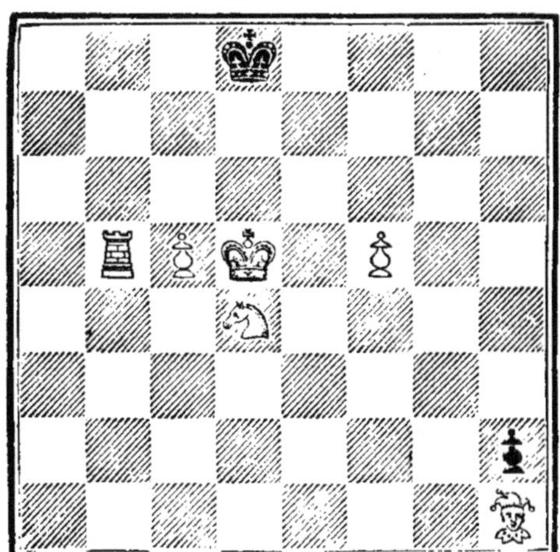

Blancs.

Les Blancs donnent échec avec un Pion et font mat en 6 coups avec un autre.

PROBLÈME N° 56.

Noirs.

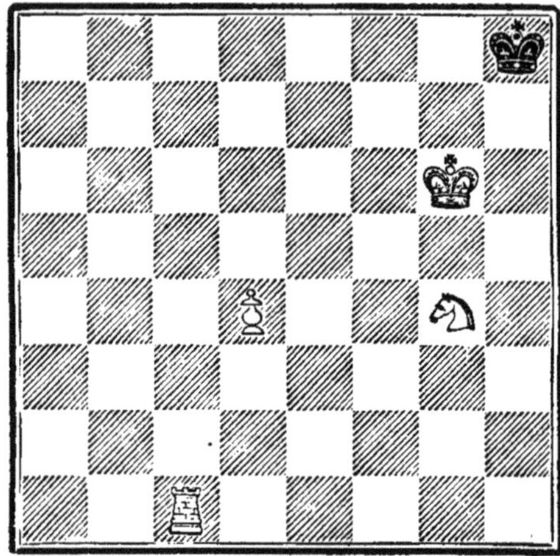

Blancs.

Les Blancs font mat en 6 coups sur la case 5. D.

PROBLÈME N° 57.

Noirs.

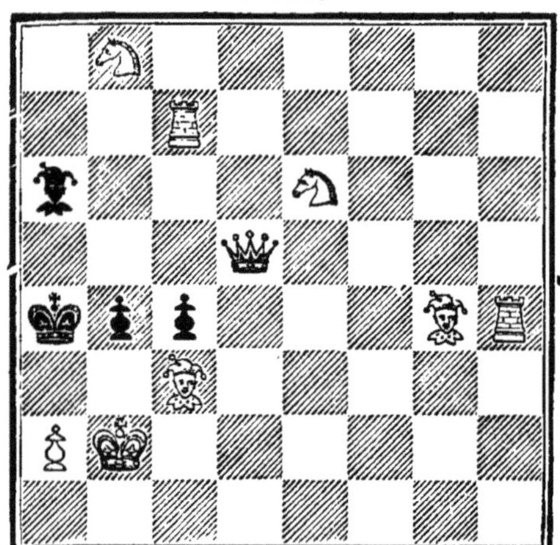

Blancs.

Les Blancs donnent 3 fois échec avec le Pion et font mat en 6 coups.

PROBLÈME N° 58.

Noirs.

Blancs.

Les Blancs donnent échec avec le Pion et font mat en 6 coups.

PROBLÈME N° 59.

Noirs.

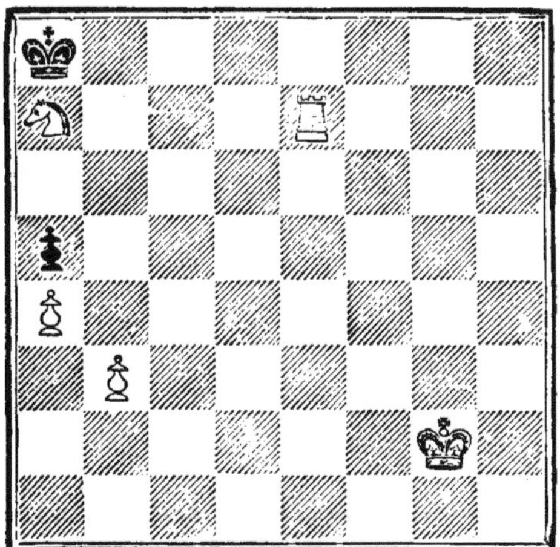

Blancs.

Les Blancs font mat en 6 coups avec un des Pions.

PROBLÈME N° 60.

Noirs.

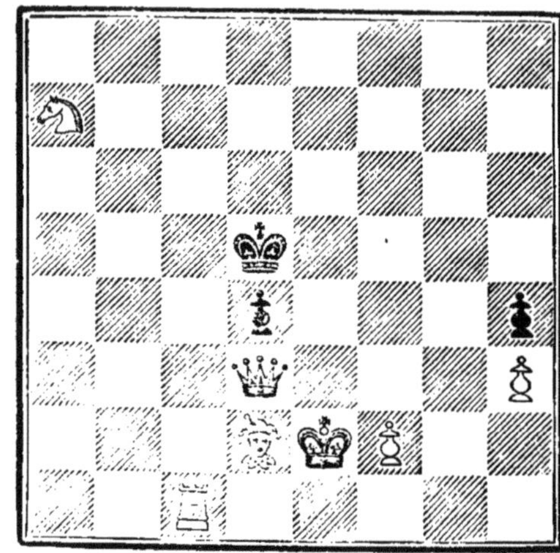

Blancs.

Les Blancs font mat en 6 coups avec un Pion sur la case 4. D.

PROBLÈME N° 61.

Noirs.

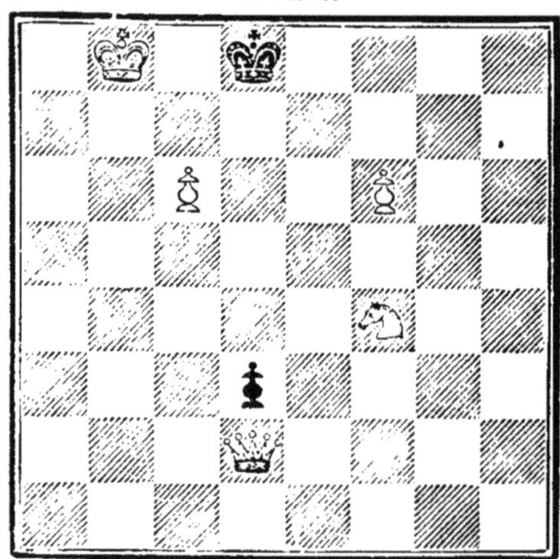

Blancs.

Les Blancs donnent échec avec un Pion et font mat en 6 coups avec un autre.

PROBLÈME N° 62.

Noirs.

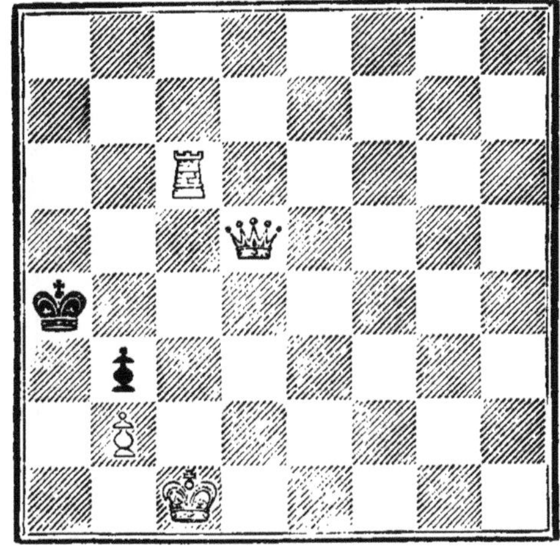

Blancs.

Les Blancs font mat en 7 coups avec le **Pion.**

PROBLÈME N° 63.

Noirs.

Blancs.

Les Blancs donnent échec avec un Pion **et font** mat en 7 coups avec un autre.

PROBLÈME N° 64.

Noirs.

Blancs.

Les Blancs donnent échec avec un Pion et font mat en 7 coups avec un autre.

PROBLÈME N° 65.

Noirs.

Blancs.

Les Noirs jouent R. 1. CD.; les Blancs, sans prendre le Pion, donnent échec avec un Pion et font mat en 8 coups avec un autre.

PROBLÈME N° 66.

Noirs.

Blancs.

Les Blancs donnent échec avec un Pion et font mat en 8 coups avec un autre.

PROBLÈME N° 67.

Noirs.

Blancs.

Les Blancs font mat en 8 coups avec le Pion.

PROBLÈME N° 68.

Noirs.

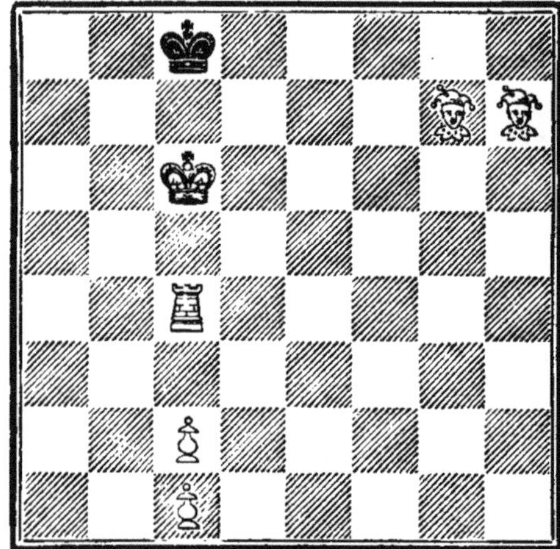

Blancs.

Les Blancs donnent échec avec un Pion et font mat en 9 coups avec un autre.

PROBLÈME N° 69.

Noirs.

Blancs.

Les Blancs donnent échec avec un Pion et font mat en 9 coups avec un autre.

PROBLÈME N° 70.

Noirs.

Blancs.

Les Blancs donnent échec avec un Pion et font mat en 9 coups avec un autre.

PROBLÈME N° 71.

Noirs.

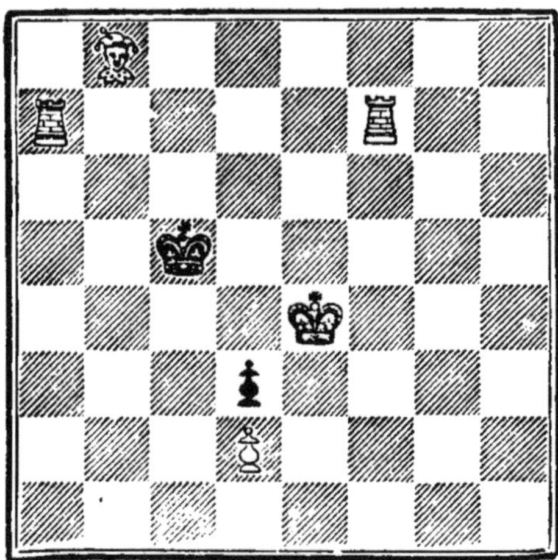

Blancs.

Les Blancs font mat en 9 coups avec le Pion.

PROBLÈME N° 72.

Noirs.

Blancs.

Les Blancs font mat en 10 coups avec le P. 5. CD. sans prendre le P. 2. TD. des Noirs.

SOLUTIONS DES PROBLÈMES

N° 1.

1. P. 5. CD.	1. T. 4. FD.

2. C. 6. FD. échec à la découverte et mat.

N° 2.

1. D. 7. CR.	1. R. 4. D.
2. D. 5. R. échec et mat.	

N° 3.

1. P. 7. FD.	1. N'importe.

Les Blancs font mat.

N° 4.

1. T. 2. R.	1. F. 1. FD.
2. C. 6. CR. éch. et mat.	

N° 5.

1. T. 8. FR. échec.	1. R. pr. TD.
2. C. 5. FD. éch. et mat.	

N° 6.

1. D. 2. TD.	1. T. pr. D.
2. C. 7. FD. éch. et mat.	

N° 7.

1. CR. 7. FR. échec.	1. R. 2. D.
2. C. 8. D. échec et mat.	

N° 8.

1. C. 6. FD. éch. découv.	1. T. pr. TD.
2. C. 6. TD. échec découverte et mat.	

N° 9.

1. D. 7. TD. échec.	1. R. pr. D.
2. T. 6. TD. éch. et mat.	

N° 10.

1. D. 8. TR. échec.	1. R. 5. R.
2. D. pr. CD.	2. C. 6. FR.
3. P. 3. D. échec et mat.	

N° 11.

1. R. 3. D. échec découv.	1. R. 4. D. (A)
2. D. 4. R. échec.	2. R. 4. FD.
3. D. 4. FD. éch. et mat.	

(A)

	1. R. 5. FR. ou 4. FR.
2. D. 3. FR. échec.	2. R. 4. CR.
3. T. 5. TR. éch. et mat.	

N° 12.

1. D. 5. D. échec.	1. R. 1. CD.
2. P. 7. TD. échec.	2. R. 1. FD.
3. P. 7. CD éch. et mat.	

N° 13.

1. C. 5. CR. échec.	1. T. pr. CR.
2. T. 6. FR. échec.	2. R. pr. TR.
3. T. 6. D. échec et mat.	

N° 14.

1. T. 5. CR.	1. R. 5. R.
2. C. 2. CD.	2. R. 5. D.
3. T. 4. FD. éch. et mat.	

N° 15.

1. D. 4. TD. échec.	1. R. pr. FD.
2. R. 2. R.	2. R. 8. FD.
3. D. 1. D. échec et mat.	

N° 16.

1. F. 6. CD.	1. F. pr. FD.
2. F. 6. FD. éch. découv.	2. F. 2. TD.
3. F. pr. PC. éch. et mat.	

N° 17.

1. F. 3. D.	1. R. 3. FD.
2. R. 5. R.	2. R. 4. FD.
3. T. 7. FD. éch. et mat.	

N° 18.

1. R. 6. FR.	1. R. 1. FR.
2. T. 5. CR.	2. R. 1. R.
3. T. 8. CR. éch. et mat.	

N° 19.

1. T. 7. CR.	1. R. 3. FR. (A)
2. T. 7. TD.	2. R. 3. R,
3, T. 6. CR. éch. et mat.	

(A)

	1. R. 3. D.
2. T. 4. FD.	2. R. 3. R.
3. T. 6. FD. éch. et mat.	

N° 20.

1. P. 8. D. et D.	1. T. 1. FD. échec. (A)
2. C. 7. FD. échec.	2. R. 2. TD.
3. CD. 5. CD. éc. et mat.	

(A)

	1. T. 2. FR.
2. C. 5. CD. échec déc.	2. T. 2. TD.
3. C. 7. FD. éch. et mat.	

N° 21.

1. T. 8. TR. échec.	1. C. pr. TR. (A)
2. T. 8. TD. échec.	2. C. 1. FD.
3. T. pr. CD. éch. et mat	

(A)

	1. 1. C. CR.
2. T. pr. CR.	2. R. 1. D.
3. T. pr. CR. éch. et mat.	

N° 22.

1. T. 2. TD. échec.	1. T. 6. TD. (A)
2. R. 7. D.	2. T. 2. TD. échec.
3. P. 7. CD. échec.	3. R. 1. CD.
4. P. 7. FD. éch. et mat.	

(A)

	1. R. 1. CD.
2. T. 8. TD. échec.	2. R. pr. T.
3. P. 7. CD. échec.	3. R. 1. CD.
4. P. 7. FD. éch. et mat.	

N° 23.

1. C. 6. R. échec.	1. D. pr. CR. échec.
2. P. pr. D.	2. T. 3. FR.
3. T. 8. TR. échec.	3. T. 1. FR.
4. P. 7. R. éch. et mat.	

N° 24.

1. D. 7. FD. échec.	1. R. 1. R.
2. D. 4. R. échec.	2. D. 3. R.
3. P. 7. D. échec.	3. R. 2. R.
4. P. 6. FR. éch. et mat.	

N° 25.

1. C. 6. FR.	1. C. 3. R.
2. C. 6. FD. échec.	2. R. 1. FD.
3. C. 5. D.	3. C. 2. FD.
4. C. 6. CD. éch. et mat.	

N° 26.

1. T. 8. FD. échec.	1. R. 2. TD.
2. T. 6. TD. échec.	2. R. 2. CD.
3. F. 6. FD. échec.	3. R. pr. TD.
4. T. 8. TD. éch. et mat.	

N° 27.

1. F. 4. D. échec.	1. R. 1. TD.
2. R. 7. FD. échec.	2. D. 4. D.
3. D. 7. CD. échec.	3. D. pr D.
4. P. pr. D. échec et mat.	

N° 28.

1. T. 4. CR.	1. R. 6. R.
2. T. 3. FD. échec.	2. R. 7. FR.
3. T. 3. TD.	3. R. 8. FR.
4. T. 3. FR. éch. et mat.	

N° 29.

1. CD. 7. R. (A)	1. R. 4. R.
2. CR. 7. CR.	2. R. 5. R.
3. CR. 5. TR.	3. R. 4. R.
4. T. 3. R. échec et mat.	

(A)

1. C. 4. TR.	1. R. 4. R.
2. C. 7. FD.	2. R. 5. R.
3. C. 6. TD.	3. R. 4. R.
4. C. 6. CR. échec.	4. R. 5. R.
5. C. 5. FD. éch. et mat.	

Cette solution a été donnée par M. Kling.

N° 30.

1. T. 4. TD. échec.	1. D. 4. TD.
2. C. 5. FD. éch. découv.	2. T. pr. FD.
3. T. 7. TD. échec.	3. D. pr. TR.
4. P. 7. CD. éch. et mat.	

N° 31.

1. D. 8. FD. échec.	1. R. 2. TD.
2. F. 5. R.	2. P. 4. TD. (A)
3. D. 8. CD. échec.	3. R. 3. TD.
4. P. 5. CD. éch. et mat.	

(A)

	2. P. 4. CD.
3. C. 6. FD. échec.	3. R. 3. CD.
4. P. 5. TD. éch. et mat.	

N° 32.

1. R. 7. FR.	1. R. 2. TR.
2. F. 8. FR.	2. R. 1. TR.
3. F. 7. CR. échec.	3. R. 2. TR.
4. P. 6. CR. éch. et mat.	

N° 33.

1. T. 7. CD. échec.	1. R. 1. TD.
2. T. 1. TD.	2. P. 8. FR. et D.
3. T. 8. CD. échec.	3. R. pr. TR.
4. P. 7. TD. échec.	4. R. 1. TD.
5. P. 7. CD échec et mat.	

N° 34.

1. T. 8. FR. échec.	1. F. 1. R.
2. F. 5. D. échec.	2. R. 1. CD.
3. C. 6. TD. échec.	3. R. 1. FD.
4. P. 7. CD. échec.	4. R. 1. D.
5. P. 7. R. échec et mat.	

N° 35.

1. T. 8. R. échec.	1. R. 2. CD.
2. T. 8. TD.	2. R. 3. CD.
3. P. 5. FD. échec.	3. R. 2. CD.
4. P. 6. FD. échec.	4. R. 3. CD.
5. P. 5. TD. éch. et mat.	

N° 36.

1. D. 7. TR. échec.	1. T. 2. CR.
2. T. 7. CD. échec.	2. T. pr. TD.
3. D. 6. CD. échec.	3. R. 1. TD. (A)
4. P. pr. TD. échec.	4. R. 1. CD.
5. P. 7. TD. éch. et mat.	

(A)

	3. R. 1. CD.
4. P. 7. TD. échec.	4. R. 1. TD.
5. P. pr. T. éch. et mat.	

N° 37.

1. C. 3. CD.	1. R. 1. CD.
2. T. 8. D. échec.	2. R. 2. TD.
3. C. 5. TD.	3. P. pr. CD.
4. P. 6. CD. échec.	4. R. 3. TD.
5. P. 5. CD. éch. et mat.	

N° 38.

1. D. 6. D. échec.	1. R. 1. TD.
2. T. 3. CD.	2. P. 6. D.
3. D. 4. D.	3. P. 7. D.
4. P. 7. CD. échec.	4. R. 1. CD.
5. P. 7. TD. éch. et mat.	

N° 39.

1. R. 6. FD.	1. R. 1. CD.
2. D. 5. FR.	2. R. 1. TD.
3. D. 5. TD.	3. R. 1. CD.
4. P. 7. TD. échec.	4. R. 1. TD.
5. P. 7. CD. éch. et mat.	

N° 40.

1. D. 6. R. échec.	1. R. 1. TR.
2. C. 7. FR. échec.	2. R. 1. CR.
3. C. 6. TR. éch. double.	3. R. 1. TR.
4. D. 8. CR. échec.	4. T. pr. D.
5. C. 7. FR. échec et mat.	

N° 41.

1. T. 5. TR. échec.	1. R. 1. CR.
2. T. 3. CR. échec.	2. D. 4. CR.
3. D. 7. CR. échec.	3. D. pr. D.
4. P. 7. FR. échec.	4. T. pr. P.
5. P. pr. TR. éch. et mat.	

N° 42.

1. C. 5. D. échec déc.	1. R. 1. D.
2. T. 8. CD. échec.	2. D. pr. TD.
3. T. 8. TR. échec.	3. T. 1. CR.
4. F. 4. TR. échec.	4. T. 4. CR.
5. P. 7. R. échec et mat.	

N° 43.

1. D. 7. FD. échec. (A)	1. C. pr. D.
2. T. 8. TD. échec.	2. C. pr. TD.
3. C. 7. D. échec déc.	3. C. 3. CD.
4. P. pr. CD. échec.	4. R. 1. TD.
5. P. 7. CD. éch. et mat.	

(A)

1. C. 4. TD. éch. déc.	1. C. 3. CD.
2. T. 7. CD. échec.	2. R. 1. TD.
3. T. 7. TD. échec.	3. R. pr. TD.
4. P. pr. CD. échec.	4. R. 1. TD.
5. P. 7. CD. éch. et mat.	

Solution donnée par Lolli.

N° 44.

1. T. 7. TR. échec.	1. R. 1. CR.
2. C. 6. FR. échec.	2. R. 1. FR.
3. P. 7. R. échec.	3. C. pr. PR.
4. T. 7. FR. échec.	4. C. pr. TR.
5. P. 7. CR. éch. et mat.	

N° 45.

1. T. 4. CD. échec.	1. R. 4. D.
2. T. 5. CD. échec.	2. R. 5. FD.
3. T. 5. FD. échec.	3. R. 6. CD.
4. T. 6. CD. échec.	4. R. 7. TD. (A)
5. C. 1. FD. échec.	5. R. 6. TD.
6. T. 5. TD. éch. et mat.	

(A)

	4. R. 5. TD. (B)
5. T. 6. TD. échec.	5. R. 6. CD.
6. T. 3. FD. éch. et mat.	

(B)

	4. R. 5. TD.
5. T. 4. CD. échec.	5. R. 6. TD.
6. T. 5. TD. éch. et mat.	

N° 46.

1. TD. 7. D.	1. R. 1. FR.
2. R. 6. D.	2. R. 1. CR.
3. R. 7. FD.	3. R. 1. FR.
4. R. 8. D.	4. R. 1. CR.
5. TD. 7. CR. échec.	5. R. 1. FR.
6. P. 7. R. échec et mat.	

N° 47.

1. C. 7. FR.	1. R. 1. FR.
2. T. 8. TD. échec.	2. R. 2. CR.
3. T. 8 TR.	3. R. 3. CR.
4. P. 5. FR. échec.	4. R. 2. CR.
5. P. 6. FR. échec.	5. R. 3. CR.
6. P. 5. TR. éch. et mat.	

N° 48.

1. C. 7. R.	1. R. 1. R.
2. CD. 6. CR.	2. R. 1. D.
3. C. 6. R. échec.	3. R. 1. FD.
4. C. 7. R. échec.	4. R. 1. CD.
5. C. 6. FD. échec.	5. R. 1. FD.
6. T. 7. FD. éch. et mat.	

N° 49.

1. T. 7. FD.	1. R. 1. CD.
2. P. 6. CD.	2. R. 1. TD.
3. C. 4. CD.	3. R. 1. CD.
4. C. 7. D. échec.	4. R. 1. TD.
5. T. 8. FD. échec.	5. R. 2. CD.
6. T. 8. CD. éch. et mat.	

N° 50.

1. C. 3. FD.	1. R. 2. TD.
2. T. 8. D.	2. R. 3. TD.
3. F. 5. FD.	3. R. 4. TD.
4. T. 7. CD.	4. R. 3. TD.
5. T. 6. D. échec.	5. R. 4. TD.
6. P. 4. CD. éch. et mat.	

N° 51.

1. C. 4. CR.	1. R. 1. CR.
2. C. 6. FR. échec.	2. R. 1. FR.
3. T. 8. TD. échec.	3. R. 2. R.
4. T. 8. CR.	4. R. 2. FR.
5. P. 6. CR. échec.	5. R. 2. R.
6. P. 6. D. échec et mat.	

N° 52.

1. T. 4. R.	1. R. 1. CR.
2. T. 8. R. échec.	2. R. 2. TR.
3. C. 5. CR. échec.	3. R. 3. TR.
4. T. 3. R.	4. R. 4. TR.
5. T. 3. TR. échec.	5. R. 5. CR.
6. P. 3. FR. éch. et mat.	

N° 53.

1. D. 8. D. échec.	1. R. 2. TD.
2. T. 7. TR. échec.	2. D. 2. CR.
3. T. 7. CD. échec.	3. D. pr. TD. échec.
4. D. 6. CD. échec.	4. R. 1. CD. (A)
5. P. 7 FD. échec.	5. R. 1. FD.
6. P. pr. D. échec et mat.	

(A)

	4. R. 1. TD.
5. P. pr. D. échec.	5. R. 1. CD.
6. P. 7. TD. éch. et mat.	

N° 54.

1. C. 7. D.	1. P. 5. TR.
2. T. 3. CD.	2. P. 6. TR.
3. T. 5. CD.	3. P. 7. TR.
4. T. 5. TR.	4. P. 8. TR. et D.
5. T. 8. TR. échec.	5. D. pr. TR. échec.
6. P. 7. CD. éch. et mat.	

N° 55.

1. C. 6. R. échec.	1. R. 1. FD.
2. T. 6. CD.	2. R 2. D.
3. T. 8. CD.	3. R. 2. R.
4. T. 8. FR.	4. R. 2. D.
5. P. 6. FD. échec.	5. R. 2. R.
6. P. 6. FR. éch. et mat.	

N° 56.

1. T. 1. TR. échec.	1. R. 1. CR.
2. C. 5. R.	2. R. 1. FR.
3. T. 8. TR. échec.	3. R. 2. R.
4. R. 5. FR.	4. R. 3. D.
5. T. 7. TR.	5. R. 4. D.
6. T. 7. D. échec et mat.	

N° 57.

1. F. 1. D. échec.	1. P. 6. CD.
2. D. 7. D. échec.	2. F. 4. CD.
3. D. 3. D.	3. F. 3. FD.
4. P. pr. PC. échec.	4. R. 4. CD.
5. P. pr. PF. échec.	5. R. 3. CD.
6. P. 5. FD. éch. et mat.	

N° 58.

1. C. 7. D. échec déc.	1. C. 3. CD.
2. R. 7. FD.	2. P. 5. CD.
3. T. 7. CD. échec.	3. R. 1. TD.
4. T. 7. TD. échec.	4. R. pr. TD.
5. P. pr. CD. échec.	5. R. 1. TD.
6. P. 7. CD. éch. et mat.	

N° 59.

1. P. 4. CD.	1. R. 1. CD. (A)
2. P. 5. CD.	2. R. 1. TD.
3. P. 6. CD.	3. R. 1. CD.
4. C. 6. FD. échec.	4. R. 1. FD.
5. P. 7. CD. éch. et mat.	

(A)

	1. P. pr. P.
2. C. 8. FD.	2. P. 6. CD.
3. C. 6. CD. échec.	3. R. 1. CD.
4. P. 5. TD.	4. P. 7. CD.
5. P. 6. TD.	5. P. 8. CD. et D.
6. P. 7. TD. éch. et mat.	

N° 60.

1. T. 6. FD.	1. R. 4. R.
2. C. 8. FD.	2. R. 4. D.
3. C. 7. R. échec.	3. R. 4. R.
4. F. 3. R.	4. P. pr. F.
5. D. 5. FR. échec.	5. R. 5. D.
6. P. pr. P. éch. et mat.	

N° 61.

1. C. 6. CR.	1. R. 1. R.
2. D. 2. TD.	2. R. 1. D.

3. D. 6. R.	3. P. 7. D.
4. D. 5. FR.	4. P. 8. D. et D.
5. P. 7. FD. échec.	5. R. 1. R.
6. P. 7. FR. éch. et mat.	

N° 62.

1. R. 1. CD.	1. R. 5. CD.
2. R. 1. TD.	2. R. 5. TD.
3. T. 3. FD.	3. R. 5. CD.
4. D. 5. FD. échec.	4. R. 5. TD.
5. T. 2. FD.	5. P. pr. TD.
6. R. 2. TD.	6. P. 8. FD. et D.
7. P. 3. CD. éch. et mat.	

N° 63.

1. F. 3. FR.	1. R. 1. CR.
2. F. 4. R.	2. R. 1. TR.
3. C. 4. CR.	3. R. 1. CR.
4. C. 5. R.	4. R. 1. TR.
5. C. 7. FR. échec.	5. R. 1. CR.
6. P. 7. TR. échec.	6. R. 2. CR.
7. P. 6. FR. éch. et mat.	

N° 64.

1. C. 7. FD. échec.	1. R. 1. CD.
2. C. 6. D.	2. R. 2. TD.
3. C. 8. FD. échec.	3. R. 1. CD.
4. R. 7. D.	4. R. 2. CD.
P. 5. 6. TD. échec.	5. R. 1. CD.
6. P. 7. TD. échec.	6. R. 2. CD.
7. P. 6. FD. éch. et mat.	

N° 65.

1. T. 7. FD.	1. R. 1. TD,
2. R, 5. CD.	2, R. 1, CD.

3. R. 5. FD.	3. R. 1. TD.
4. R. 4. CD.	4. R. 1. CD.
5. T. 3. TD.	5. R. 1. TD.
6. R. 3. FD.	6. R. 1. CD.
7. P. 7. TD. échec.	7. R. 1. TD.
8. P. 7. CD. éch. et mat.	

N° 66.

1. T. 8. FR. échec.	1. R. 2. CR.
2. D. 7. FR. échec.	2. R. 3. TR.
3. D. 8. CR.	3. R. 4. TR.
4. T. 7. FR.	4. R. 3. TR.
5. D. 7. CR. échec.	5. R. 4. TR.
6. T. 3. FR.	6. P. pr. TR.
7. P. 4. CR. échec.	7. R. 5. TR.
8. P. 3. CR. éch. et mat.	

N° 67.

1. T. 7. TD.	1. R. 1. CR.
2. T. 7. FR.	2. R. 1. TR.
3. R. 6. D.	3. R. 1. CR.
4. R. 7. D.	4. R. 1. TR.
5. T. 1. TR. échec.	5. R. 1. CR.
6. T. 7. TR.	6. P. 8. FR. et D.
7. T. 7. CR. échec.	7. R. 1. FR.
8. P. 7. R. éch. et mat.	

N° 68.

1. T. 4. D.	1. R. 1. CD.
2. T. 8. D. échec.	2. R. 2. TD.
3. F. 1. TD.	3. R. 3. TD.
4. T. 7. D.	4. R. 4. TD.
5. F. 3. D.	5. R. 5. TD. (A)
6. T. 7. TD. échec.	6. R. 5. CD.
7. P. 3. FD. échec.	7. R. 6. CD.
8. P. 2. FD. éch. et mat.	

(A)

	5. R. 5. CD.
6. T. 7. CD. échec.	6. R. 5. TD.
7. T. 7. TD. échec.	7. R. 5. CD.
8. P. 3. FD. échec.	8. R. 6. CD.
9. P. 2. FD. éch. et mat.	

N° 69.

1. TD. 1. D.	1. R. 2. R.
2. T. 1. CR.	2. R. 1. R.
3. T. 8. CR. échec.	3. R. 2. R.
4. TD. 8. D.	4. R. 2. FR.
5. T. 8. FD.	5. R. 2. R.
6. T. 8. FR.	6. R. 2 D.
7. R. 5. R.	7. R. 2. R.
8. P. 6. FR. échec.	8. R. 2. D.
9. P. 6. FD. éch. et mat.	

N° 70.

1. D. 6. TD. échec.	1. R. 1. CD.
2. T. 3. CR.	2. P. 7. R.
3. T. 3. R.	3. P. 8. R. et D.
4. T. 3. CD. échec.	4. D. 5. CD.
5. D. 7. TD. échec.	5. R. 1. FD.
6. T. 8. TR. échec.	6. D. 1. FR.
7. D. 7. CD. échec.	7. R. 1. D.
8. P. 7. FD.	8. R. 1. R.
9. P. 7. FR. éch. et mat.	

N° 71.

1. TD. 7. CD.	1. R. 3. FD.
2. F. 2. TR.	2. R. 4. FD.
3. TR. 6. FR.	3. R. 5. FD.
4. TD. 6. CD.	4. R. 4. FD.
5. F. 1. CR. échec.	5. R. 5. FD.

6. T. 2. FR.	6. R. 4. FD.
7. T. 2. R. échec déc.	7. R. 5. FD.
8. F. 4. D.	8. P. pr. TR.
9. P. 3. D. échec et mat.	

En prenant le Pion, le mat se fait en 7 coups; aussi faut-il ajouter sans prendre le Pion Noir.

N° 72.

1. T. 4. R.	1. R. 1. CD.
2. T. 4. TD.	2. R. 1. TD.
3. T. 5. TD.	3. R. 1. CD.
4. D. 7. FD. échec.	4. R. 1. TD.
5. D. 6. CD.	5. P. pr. D.
6. P. 7. TD.	6. P. pr. T.
7. R. 6. CD.	7. P. 5. TD.
8. R. 6. TD.	8. P. 6. TD.
9. P. 6. CD.	9. P. 7. TD.
10. P. 7. CD. éch. et mat.	

NOTA

Dans l'énoncé du problème il faut toujours sous-entendre les mots : *ni en plus ni en moins de coups;* les problèmes de Damiano ont été composés avec l'intention de faire perdre des temps et d'obtenir ainsi la solution demandée.

—

Le onzième chapitre, qui traite de la manière de jouer à l'aveugle, a été supprimé, vu son peu d'importance.

TABLE DES MATIÈRES

CONTENUES DANS CE VOLUME.

Paris. — Typ. Rouge frères et Comp., rue du Four-St-Germ., 43.

BIBLIOTHÈQUE IMPÉRIALE
IMPR.

www.ingramcontent.com/pod-product-compliance
Ingram Content Group UK Ltd.
Pitfield, Milton Keynes, MK11 3LW, UK
UKHW020333180726
13839UKWH00002B/696

9 782329 484907